KB175860

중세 승원 회랑 조각에 나타난 동물 우화 마뉴스크립의 종교적 상징

중세 승원 회랑 조각에 나타난 동물 우화 마뉴스크립의 종교적 상징

초판인쇄 2019년 11월 11일
초판발행 2019년 11월 11일

지은이 이희숙
펴낸이 채종준
기 획 조가연
디자인 홍은표
마케팅 문선영

펴낸곳 한국학술정보(주)
주소 경기도 파주시 회동길 230(문발동)
전화 031 908 3181(대표)
팩스 031 908 3189
홈페이지 http://ebook.kstudy.com
E-mail 출판사업부 publish@kstudy.com
등록 제일산-115호(2000. 6. 19)

ISBN 978-89-268-9709-6 03920

이 책은 한국학술정보(주)와 저작자의 지적 재산으로서 무단 전재와 복제를 금합니다.
책에 대한 더 나은 생각, 끊임없는 고민, 독자를 생각하는 마음으로 보다 좋은 책을 만들어갑니다.

중세 승원 회랑 조각에 나타난
동물 우화 마뉴스크립의
종교적 상징

이희숙 **지음**
Hee Sook Lee

이담
Books

들어가며

로마네스크 건축 조각 기둥머리는 성경 인물, 영웅, 동물, 꽃-식물로 계층을 만든다. 성경 인물이 처음이고, 식물 아칸투스로 장식한 코린트 기둥머리가 마지막이다. 이 책을 쓴 이유가 있다. 나는 "중세 승원 회랑의 초목과 꽃 조각 장식"(2018)에서 회랑에 나타난 꽃-식물을 연구한 후, 동물에 호기심이 생겼다. 한 계층 더 올라간 셈이다. 어쨌든, 동물 조각 연구는 그 자체로 중세기 상징 세계를 알 수 있을 뿐 아니라, 인물과 식물 조각 사이의 이해를 돕는다. 동물 조각이 나타나는 곳에는 인물이나 식물이 거의 항상 수반함이다. 또, 고대로부터 내려온 동물들의 기원과 성격을 마뉴스크립을 통해서 어떻게 중세 기독교 가르침에 사용되었는가를 배우게 된다. 긍정적 혹은 부정적 동물도 하나님의 의도와 계획안에 창조물이다.

승원 회랑의 건축 조각을 연구하려, 나는 12세기 프랑스와 스페인을 연결한 콤포스텔라 순례지의 여러 곳을 찾았다. 재미있는 에피소드를 독자들과 나누고 싶다. 북스페인 부르고스에서 얼마 떨어지지 않는 곳에 실로스 마을이 있으며, 이곳의 산타 도밍고 데 실로스 승원 회랑은 널리 알려진 곳으로 많은 관광객이 지금도 방문한다. 낮에는 로마네스크 건축 연구 학자들이 이곳을 방문하고, 밤에는 이곳 승려들이 부르는 특별한 예배 합창을 들으려 세계의 음악 애호가들이 모인다. 나는 한 총으로 두 마리 새를 잡고 싶어 힘든 마을버스를 이용, 이틀 밤을 이곳에서 숙박했다. 첫날 밤, 합창 예배였다. 교회 연단에서 자리 잡은 이곳 승려들이 합창할 때마다, 나의 옆줄의 예배 인들이 이들과 행동을 같이하였다. 기도 자세로 무릎을 굽히고, 절을 하고 손을 위로 올리는 등이다. 음악을 열심히 들으려, 불행히도 첫 좌석에 앉은 나는, 이상한? 예배 절차를 따르려 옆줄 예배 인들의 행동을 모방했다. 아뿔싸! 그들은 그날 승원에서 열린 세미나에 참여한 다른 곳의 승려들이었음을 다음날 회랑에서 만난 한 예배자에게서 들었다. 움벨토 에코의 『장미의 이름(the Name of the Rose)』을 기억하며, 나는 웃음을 감추지 못했다.

하나님은 성경의 숫자를 통해 그의 의도인 영원한 메시지를 전한다. 십(10)은 만족, 충만, 전체를 상징하여, 구약 성경에서는 십계명 혹은 이스라엘 백성을 구하려 이집트에 내린 열 가지 재앙이다. 신약에는 열 달란트 비유이다. 고대 그리스에서 십은 여행 완성을 의미하여 영웅 오디세우스는 9년 방랑 후 고향으로 돌아갔다. 10은 원주를 둘러싸는 9와 중심을 나타내는 1로 이룬 완전성의 숫자이다.
이 책은 한국에서 발행한 나의 10번째 책이라, 더 의미 깊다.

또다시 이 책을 쓸 수 있도록 정신적으로 도와주신 하나님. 부모님, 그리고 가족들에게 감사드린다. 그리고, 나에게 10권의 책을 발간할 수 있게 같이 일한 한국학술정보에도 물론이다.
어디로 훨훨 날까? 중세기에 관한 나의 정열이 식지 않으면 이곳에서 11권의 책을 기대하며.

2019년 9월 핀란드 헬싱키
이희숙

목차

Chapter

ONE

동물
우화집

ONE

동물 우화집(bestiary)은 실제와 상상 동물에 관한 책이다. 주제가 동물, 새, 곤충, 심지어 암석까지 연장되지만, 초보적인 자연사로 인식되면서, 중세 동물 우화들은 자연 세계를 인간에게 가르치기 위해 하나님이 설정한 믿음을 반영하는 데 그 의도가 있다. 즉 동물의 신체 특징과 습관을 통해 인간 도덕과 영혼의 중요성을 갈고 닦음이다. 따라서 동물 우화집은 당 시대에 가장 생생하게 그려진 책으로 백과사전과 대조를 이루며, 동물들을 풍부한 이미지로 묘사하고, 텍스트로 이들을 강화한다. 텍스트와 이미지는 함께 혹은 별개로 중세 도덕 교재 소통에 응용되어 접근하기 쉬우며 호소력을 가진 설교 자료였다.

대부분 중세 동물 우화는 비교적 짧은 시기에 발행되었으며, 12세기 후기에서 13세기 중반으로 가면서 동물의 매혹적 묘사는 계속 상상을 요구하였다. 이들은 똑같은 텍스트로 재생산되지 않았지만, 직접 그리고 간접으로 텍스트의 출처를 함께 나눈다. 여러 출처 중에 무엇보다 그리스 『생리학(Physiologus)』의 라틴어 번역으로 초기 기독교의 도덕 논문이며, 실제 작가에게 익숙하거나 그에게 환상적인 동물로써 기독교 교리와 알레고리 의미를 발췌함이 중요하다.

즉, 그리스 『생리학』은 알렉산드리아에서 3~4세기에 쓰였고, 4세기 후반 라틴어로 번역되어, 중세 동물 우화들의 중심 내용과 도덕적 메시지들은 라틴어 『생리학』에 기초를 둔다. 유럽과 서아시아의 대부분 언어로 번역되면서 성경 다음으로 널리 보급되었고 그 후 여러 버전이 나타났다.

더하여 3세기 대플리니우스가 쓴 『자연 역사(Naturalis Historia)』는 고대와 중세 작가들의 중요 출처로 동물 우화 텍스트에 다른 영향을 주었다. 세계 지식을 문서로 만들려고 무수한 고전 자료를 활용한 초기 백과사전 탓으로, 이 책을 솔리누스는 그의 『Collectanea rerum memorabilium』에 광범위하게 인용하였다. 여행안내서 형태로서, 대부분 중세 동물 우화집은 솔리누스가 발췌한 대플리니우스 『자연 역사』에도 기원한다.

마지막으로, 7세기경 세비야의 이시도르가 쓴 『어원학(Etymologiae)』은 대플리니우스를 비롯하여 다수의 고전 출처를 토대로 한 방대한 백과사전이다. 모든 중세 동물 우화집의 발췌 작업에, 이시도르는, 동물의 본성과 성격을 물체의 이름과 연결하였지만, 자연 세계의 도덕적 파생을 유도하지 않는다. 『어원학』의 발췌는 라틴어 『생리학』과 함께 동물 우화 텍스트의 초기 버전을 위해 배합되었다. 약 50의 동물 묘사에서 일부는 진화되는 반면, 다른 동물이 더해지며 추가적 도덕 해석도 가해졌다. 즉, 『생리학』이 『어원학』 외 다른 텍스트와 배합하였을 때 동물 우화집으로 알려진 책이 탄생, 이것은 알레고리로 기독교 교육 기초에 사용한 동물 교과서가 아니고 종교 텍스트와 알려진 자연 세계를 안내한다.

라틴어 동물 우화집이 성황을 이루는 동안, 동물을 설명하는 다른 텍스트 전통이 나타났다. 지금까지의 것에 아리스토텔레스를 포함해서 텍스트 출처에 동물 우화의 관심을 확장했다. 웨일스의 제럴드가 쓴 유머 있는 동물 우화 『Topographia Hiberniae』에서 도덕교육은 영혼보다 지상의 자연에 배경을 두었다. 동물 우화들은 각각 토착어로 번역되었고 그들 형태와 내용이 충당되며 방향을 바꾸었다. 좋은 예로, 리처드 드 푸니발의 『Bestiaire d'amour』은 동물들의 아이러니와 궁정 사랑 문학의 모호성을 탐구한 복잡한 저술이다.

어쨌든 동물들은 중세 백과사전에 집단으로 등장하였고, 몇 백과사전은 우화들의 출처 혹은 발췌물이 되었다. 이시도르 『어원학』은 9세기 도덕 백과사전을 쓴 흐라바누스 마우루스의 『De rerum naturis』의 기초가 되었다. 12세기에 알렉산더 넥캄은 도덕 강조를 유지했으며, 다음 세기에 들어서야 동물들을 통한 인간의 도덕화는 덜 보편화되었다. 보베의 방상이 쓴 『Speculum maius』와 바톨로메우스 앙글리쿠스의 『De proprietatibus rerum』가 인기를 끌게 되었다. 후자는 14세기 백과사전 작업으로 당시의 젊은 무식자들을 교육했다.

동물들은 중세 작가, 예술가들에게 놀라움, 오락, 도덕 교육 출처로 영감을 주었다. 이미 언급한 제럴드의 동물 우화는 친숙하고 이국적 아일랜드의 동물 관찰로 그가 직접 보았거나 귀로 들었고, 일부는 다른 동물 우화에서 가져왔다. 이솝(6 BC)의 동물 우화는 동물의 감수성과 책략이 인간과 관련되며, 짧고 흥미 있으며 도덕을 가르친다. 이솝 같은 우화가들은 자연 세계에서 교육과 오락을 둘 다 제공하는 출처를 발견했다. 12세기 프랑스의 마리는 앵글로-노르만어로 쓴 우화를 이솝과 다른 출처에서 찾았다. 인간이 고결한 생을 통해 어떻게 기독교의 구제(salvation)를 얻는가를 동물 우화에서 배움이다. 마리의 동물 우화는 지상 인간의 어리석은 행동을 조절하기 위해 도덕을 적용함이다.

중세 동물 우화는 유럽, 북아프리카, 중동에서 인기를 끌었다. 중세인은 야생동물과 가축들에 생존을 의지하였기에 동물에 관한 현저한 관심은 당연하다. 또한, 그들은 동물 지식을 떠나 영혼적이고 심지어 신비한 양상을 알고 싶었다. 왜냐하면, 중세기는 종교 열정과 관용, 미움의 혼합 시대로 서유럽은 기독교, 북아프리카와 중동은 주로 이슬람교였고, 유대교는 기독교와 이슬람교 사이 어디든지 존재하였다. 종교 간의 빈번한 폭력에도 세 종교의 밀접한 연결로 이들은 역사나 영혼적 텍스트들을 공유하였다. 히브리 성경(기독교 구약성경) 대부분이 동물 참고에 성스러움을 포함한다고 간주했기 때문이다.

기독교에 의하면, 하나님은 인간 교육을 위해 자연 세계를 배열하였다. 구약 욥기(12.7~10)는 가르치기를, 자연의 기초로서 "동물에게 물어라, 그들은 당신을 가르칠 것이다. 하늘의 새들에게 물어라, 그들은 당신을 가르칠 것이다. 혹은 바닷물고기가 당신에게 알리게 하라. 모든 이것이 하나님 손 아래에 행해짐을 알지 못하는가? 그의 손에서 모든 생물과 인간 숨이 달려 있다."[1]

---

1 But ask the animals, and they will teach you, or the birds in the sky, and they will tell you; or speak to the earth, and it will teach you, or let the fish in the sea inform you. Which of all these does not know that the hand of the Lord has done this? In his hand is the life of every creature and the breath of all mankind. (Job 12:7~10, New International Version)

따라서, 동물들은 우연한 성격을 지니지 않는다. 하나님은 이들 성격을 적절한 행위의 예로 성경 가르침을 재강화하려 창조하였다. 펠리컨 새가 자신의 피로 사흘 후 죽은 어린 새끼를 재생시킨 것처럼, 그리스도는 죽음 사흘 후 그의 피로 부활했다. 비둘기가 용에게서 피난하려고 페리덱시온(peridexion) [2] 나무에 오랫동안 머문다. 마찬가지로, 기독교 신자는 피난처 교회에 머물러서 적인 마귀로부터 안전해야 한다. 독수리가 태양을 대면할 수 없는 새끼를 거절하듯, 하나님도 신성의 빛을 가질 수 없는 죄인을 외면한다.

차츰, 동물 우화 마뉴스크립에 이미지가 가해지면서 이들은 때때로 화려한 시각 언어로 무지한 대중에게 쉽게 다가갔다. 설교자는 그의 설교에 적합한 마뉴스크립을 사용함으로써, 대중은 동물 이미지를 통해 가르침을 기억할 수 있었다. 동물 이미지는 어디든지 나타났다. 동물 우화집 외에도 여러 종류의 마뉴스크립, 교회와 승원 실내와 바깥에 돌 조각, 미제리코드 나무 의자의 새김, 벽 페인팅, 모자이크, 타페스트리 장식 등이다.

이러한 경향에 시토회 창시자 성 베르나르(Bernard of Clairvaux, 1090~1153)는 1127년 『아폴로지아(변명서)』를 통해 비판하기를, [3]

책 전체에 나타나는 성경 문장은 한.영 성경전서 개혁한글판(New International Version)에 주로 기초를 둔다.

2 비둘기를 끌고 용들을 격퇴하는 인도에서 자라는 나무.

3 O vanity of vanities, but more vain than foolish! The walls of the church are ablaze with riches, while the poor go hungry; its stones are covered in gold and its children go naked; the money for feeding the poor is spent on embellishments to charm the eyes of the rich [···]. What rela-

허영 중의 허영이여, 그러나 어리석은 것보다 더 헛되다. 교회 벽들은 부유로 불타고 가난한 인간들은 배가 고프다. 교회 돌은 금으로 덮였고, 그 어린이들은 벗겨져 있다. 가난한 인간들을 먹여야 하는 돈은 부자의 눈을 사로잡기 위한 장식에 소비되었다. … 이 모든 것과 가난한 인간들, 승려들, 하나님의 인간들 사이에 어떤 관계가 있는가? … 승려들이 독서하는 회랑에서 이 우스꽝스러운 괴물들, 이 끔찍한 미녀, 이 아름다운 공포는 어떤 의미인가? 이런 외설적인 원숭이, 사나운 사자, 키메라, 켄타우로스, 반 인간 반 동물의 괴물들, 줄무늬 호랑이, 싸우는 군인들, 그리고 뿔을 가진 사냥꾼의 이 장소들은 요점이 무엇인지? 여기에 어떤 머리들이 달린 몸체나 여러 몸체를 가진 머리가 있다. 그곳에는 뱀 꼬리를 가진 한 사족이 있고, 동물 머리의 물고기가 그 옆에 있다. 때로는 앞은 말이고 뒤는 염

---

tion can there be between all this and the poor, the monks, the men of God? […] What is the meaning in your cloisters, where the monks do their reading, of these ridiculous monsters, these horrible beauties, these beautiful horrors? What is the point, in these places, of these obscene monkeys, ferocious lions, chimeras, centaurs, monsters half man, half animal, these striped tigers, battling soldiers, and huntsman with horns? Here is a body with any heads or a head with several bodies; there a quadruped with a serpent's tail, and next to it a fish with an animal head. Sometimes one can see a monster that is horse before and goat behind, or a horse with a horned head. The number of such representations is so great and the diversity so charming and varied that we would prefer to look at these carvings than read from our scriptures, spending the day admiring them instead of meditating on the law of God. Ah, Lord! If we are not ashamed of such frivolities, we should at least regret what the cost!

- Apologia ad Guillelmum abbatem -

소, 혹은 뿔 머리의 말인 괴물을 볼 수 있다. 이런 동물들을 표현한 숫자는 너무 대단하고 다양하고 매력적이라, 우리가 하나님의 율법을 명상하는 대신 그것들에 감탄하여 온종일 시간을 보내면서 우리의 경전을 읽는 것보다 이 조각들을 바라보기를 선호할 것이다. 오 하나님! 우리가 이러한 경솔함을 부끄러워하지 않으면 비용을 최소한 후회해야 할 것입니다.

- 윌리엄 수도원장에게 보낸 『변명서』 -

많은 경우, 중세 동물 이미지 묘사는 전설적이다. 이미 말한 것처럼, 예술가는 실제 그 동물을 본 적이 없어, 악어를 개, 고래를 비늘 있는 큰 물고기, 발굽 있는 타조, 그리고 발을 가진 뱀으로 묘사했다. 유니콘, 용, 그리핀 같은 전설의 동물은 기록된 묘사나 초기 드로잉들을 따라야 했다. 마뉴스크립은 예술적 혹은 미숙한 승려들이 그린 이상한 동물 이미지임에도, 예술품으로서 컬러 페인팅과 화려한 골드를 사용했다. 물론, 중세인들이 그런 동물 존재를 믿었다는 것은 논쟁의 여지가 있지만, 인간 상상의 생산품으로 간주하였다. 성경에 언급된 전설 동물은 더 어려운 문제이지만, 성경을 하나님 말씀으로 인정하면, 언급되는 동물도 확실히 존재함을 인정해야 한다.

중세인들은 이 사실에 의존했고, 고대 저술들의 정확성으로 그들의 믿음이 더해졌다. 대플리니우스와 아리스토텔레스는 이런 동물을 동양이나 에티오피아에서 보았다고 주장하였다. 어쨌든, 동물의 존재 여부를 떠나, 유럽 들판과 숲들에 기거하는 일반 동물들은 도덕과 종교 교육 수단에 적합하였다.

동물 우화의 많은 숫자가 라틴어로 쓰임은 라틴어가 중세 학자와 교회 서기들의 공동 언어에서 기인한다. 우화집의 주 생산지는 영국이며 일부는 프랑스에서 만들어졌다. 3세기 제르베즈는 프랑스-노르만어, 길욤 르 클럭과 필립 드 타온은 앵글로-노르만어, 피에르 드 보베는 산문체로 프랑스어 『Bestiaire』두 편을 썼다.

13~14세기 백과사전 시리즈로 바톨로메우스 앙글리쿠스와 흐라바누스 마우루스가 쓴 텍스트들은 약간의 동물 우화를 포함하고 알레고리를 사용하지 않는다. 동물, 새, 물고기, 뱀의 부문으로 나뉘며 신학, 철학, 의학이 가해졌다. 이 백과사전 작가들은 서로의 자료들을 복사했고, 대플리니우스와 이시도르 같은 초기 작가들에 아리스토텔레스, 프톨레미와 다른 작가도 합류하였다. 토착어의 백과사전처럼 라틴어의 것도 대인기를 끌어, 수백 개의 마뉴스크립 복사본이 현재 남아 있다.

그러나 모든 중세 동물 우화는 도덕적 메시지를 가지지만, 종교적이지 않다. 이솝우화 외 동물을 도덕화한 12세기 『여우 레이나드 (Reynard the Fox)』는 중세 사기꾼의 부적절한 삶으로 그의 잘못을 피하고 누군가 그 대가를 지불함을 묘사하였다. 종종 동물 우화는 국가와 교회 권력 남용을 풍자하였다.

이솝우화

『이솝우화(Aesop's Fables)』는 동물에 관한 도덕을 다룬 이야기 시리즈로 기원전 6세기에 쓰였으며 그 후 여러 이야기가 가해졌다. 작가는 무명으로, 트레스와 사모스섬에 살던 그리스인이다. 그는 포로로 노예가 되었지만, 주인의 서기와 대리인으로서 이름난 재치를 가졌다. 이솝의 많은 우화는 그의 창작 도중에는 알려지지 않았다. 우화의 초기 참고자료는 기원전 5세기 아리스토파네스, 플라토, 아리스토텔레스의 저술들로 돌아간다. 특히 아리스토텔레스학파는 우화에 관심을 가져, 메트리우스는 100가지 에피소드가 담긴 그리스판을 발행했다. 여러 형태의 이솝우화는 중세 마뉴스크립에 알려졌고 여전히 남아 있다. 우화에 묘사된 동물 성격 일부는 나중에 동물 우화집에 반복되었는데, 원숭이, 해리, 개, 하이에나, 사자 그리고 백조이다.

아오스타의 상트오르소 교회 회랑 기둥에
여우와 황새, 12세기

생리학

『생리학(Physiologus)』은 도덕화한 동물 우화 컬렉션이다. 중세에 최고 인기를 누린 책들의 하나로 이것은 그리스어(정통 언어)와 라틴어뿐 아니라 유럽 각 나라 토착어로 쓴 우화들의 대부분에 나타난다. 이후 이야기가 가해지며, 후기 동물 우화집의 기초가 되면서,『생리학』의 여러 버전이 다양한 작가에 의해 산문 혹은 운문으로 쓰였고, 일부는 도덕화를 중단하는 반면, 일부는 확장했다.

불행히도 『생리학』 작가는 무명인 탓으로, 중세기에 들어서 그리스와 라틴 기독교 교회가 대신 그 인정을 받았다. 에피파니우스, 알렉산드리아의 피터, 바실, 존 크리소스톰, 아타나시우스, 암브로스, 제롬, 심지어 솔로몬과 아리스토텔레스 같은 기독교 이전 작가들도 『생리학』 일부를 쓴 것으로 전해진다.

『생리학』이 언제 어디서 쓰였는지는 불확실하나, 아마 알렉산드리아에서 3세기 말에서 4세기에 쓰였다고 추정하는 것이 일반론이다. 날짜는 우화 텍스트 자체와 5세기에 다른 작가들이 쓴 텍스트를 참고하여 추정한 것이다. 그리고 우화의 발간 장소는 묘사된 동물들에 의해 제시되는데, 여러 동물이 주로 이집트에서 알려진 것들이다. 그리스어로 쓴 정통 텍스트는 40~48장을 포함하며, 이들 마뉴스크립의 복사본은 남아 있지 않아, 텍스트의 최초 버전은 라틴어 번역으로 여러 세기에 걸쳐 장의 숫자가 확장되었다. 묘사된 동물도 변경되며, 첨가되거나 삭제되었다. 후기 작품으로 6~7세기

베른 『생리학』에 묘사된 팬더.
9세기

이시도르의 『어원학』 백과사전과 다른 작품들이 '『생리학』과 합쳐친 결과로 12~13세기의 중세 동물 우화집이 탄생한 것이다.

『생리학』은 1세기 대플리니우스가 쓴 『자연 역사』나 아리스토텔레스의 『animalium』처럼 자연에 관한 역사가 아니다. 이 책은 당시 자연에 알려진 것을 묘사하는 객관적 지식을 전파함이다. 『생리학』 작가가 초기 작품들에서 발견된 동물들의 묘사 일부를 사용함은 더 깊은 의미를 탐색하는 이야기로 기독교 교리와 알레고리 의미의 명시가 자연 속에 묻혀 있다고 생각하였기 때문이다. 『생리학』은 자연 역사의 논문이 아니고, 자연 세계를 형이상학적, 도덕적, 마침내 신비적으로 이해함이다.

오비드

오비드(43 BC~AD 17)는 로마 가까운 술모에서 태어났으며, 존경받는 승마 기사단의 가족 일원이었다. 아버지는 아들이 법관이 되길 원했으나 그는 여러 직에서 잠시 일한 후, 시 제작에 전념하였다. 우아한 시로 로마 부유 계급에 인기인이 되며 최고 시인으로 인정받았다. 오비드는 황제 아우구스투스의 도덕 개혁에 쓴 시로 황제를 화나게 하여 로마에서 추방당했다. 그러나 그가 쓴 시들은 그의 죽음 후에도 계속 영향을 끼쳤고, 유명한 『변태(Metamorphoses)』는 오비드가 52살, 서기 8년에 쓴 것이다.[4]

---

4 I want to speak about bodies changed into new forms. You, gods, since you are the ones who alter these, and all other things, inspire my attempt, and spin out a continuous thread of words, from the world's first origins to my own time.

나는 몸체들이 새 형태로 바뀜을 이야기하고 싶다. 당신, 신들은 이들을 바꾸는 자들로, 모든 것이 나의 의도에 영감 주었고, 세계의 첫 근원들에서 나의 시대까지 단어들의 계속된 실을 짰다.

오비드는 15권의 책에 전설과 혼란의 세계 창조에서 시저와 아우구스투스 통치까지 신화, 전설, 역사 인물들을 묘사하였다. 시를 통한 오비드의 주제는 물체의 예측할 수 없는 성질과 자연 형태들의 불안정성이다. 『변태』는 중세에 큰 영향을 끼쳐 오비드의 동물 묘사들은 여러 동물 우화집에서 인용되었다.

대플리니우스

대플리니우스(23~79)는 북이탈리아 코모에서 세력가 가족으로 태어났다. 독일 주둔의 로마 군대에 봉사하기 전에 기병대를 지휘하였다. 그는 8년 후 로마로 돌아와 법을 공부하고 그 후 황제 네로의 통치 마지막에 스페인에 소송대리인 일을 맡았다. 베스파시아누스가 황제가 된 후, 대플리니우스는 로마로 돌아와서 해양업무를 맡아 다스렸으며, 79년 연구차 방문한 베수비오산의 분화로 사망했다.

대플리니우스는 다양한 텍스트를 썼으나 대부분은 남아 있지 않다. 초기 작품들은 그의 군대 경력을 반영하며, 마지막 알려진 작품으로 남아 있는 것은 『자연 역사(Naturalis Historia)』이다. 라틴어로 그가 듣고 읽고 본 실제와 동물 우화를 합친 집성이다. 책 37권을 주제로 배열하여, 책8~11은 동물학, 28~32는 의학에 사용되는 동물을 설명했다. 대플리니우스는 책 목록을 위해 많은 초기 작가를 소개했다. 편집자, 수집자, 정보 기록자로 그의 『자연 역사』는 후기 작가들에 의해 인용되었고 동물 우화집과 다른 중세 동물 문학 발전에 큰 영향을 끼쳤다.

루칸

루칸(39~65 BC)은 로마 시인으로 스페인 코르도바에서 태어났고, 스토아학파 철학자 코르누투스 아래서 공부하였다. 60년 황제 네로로부터 상을 받았으며, 그가 쓴 서사시 『파르살리아(Pharsalia)』는 시저와 폼페이의 내전 이야기로 인정받게 되었다. 중세에도 인기 작품으로 이시도르는 루칸의 책 외에 몇 동물 우화 버전도 인용하였다. 책 9는 리비아사막 행진에서 뱀의 전설에 관한 이야기다. 루칸은 피소의 음모에 말려들어 자살을 강요당했으나, 그의 산문시는 죽음의 시기에 미완성된 것으로서 그의 어수선한 상태를 부분적으로 반영한다.

에리안

에리안(c. 175~c. 235)은 프라네스테에서 태어났으며, 황제 셉티무스 세베루스의 보호 아래 활동했던 유명한 작가이며 수사학 선생이다. 그의 정확한 그리스어로 쓴 이야기는 설득력이 있었고, 놀랍게도 로마인으로서 그는 그리스 작가들을 선호하였다. 두 주요 작품은 초기 작가들이 인용하는 데에 가치가 있었다. 『동물 본질(On the Nature of Animals)』은 17권에 자연 역사의 짤막한 이야기로, 종종 알레고리의 도덕 교육에 선택되었다. 에리안이 쓴 이야기들은 직접 주시한 것이 아니고 대부분 기록 출처에서 뽑은 것으로 대플리니우스와 당시 잃어버린 다른 작가들이다. 특히 해양 생활에 신경을 씀은 그의 개인적 관심을 반영한다. 독자들을 믿게 하는 에리안의 저술은 중세 자연 역사와 동물 우화로써 도덕 세계의 알레고리를 보여준다.

아우구스티누스

아우구스티누스(354~430)는 북아프리카 히포의 대주교인 지방 총독처 누미디아의 타카스테에서 태어났다. 카르타고 지방에서 아버지는 세력을 가진 의회의 회원이었으나 부유하지 않았다. 어머니는 기독교도였고, 아버지는 뒤늦게 개종했다. 아우구스티누스는 첫 교육으로 그리스와 라틴 문학의 기초를 닦았다. 당시 기독교 이교인 마니교에 심취하여 9년간 회원으로 남았다. 그는 383년경 로마와 그 후 밀라노로 옮기며, 마니교 교리에 실패하면서 신플라톤주의로 옮겼다. 밀라노에서 주교 암브로스의 영향으로 기독교로 개종한 5년 후 북아프리카로 돌아와 안수를 받고 히포의 주교가 되었다. 아우구스티누스는 다작가였고 그의 책들은 교회 교리에 오랫동안 영향 끼쳤을 뿐 아니라 중세 이후에도 읽혔다. 두 텍스트가 특히 인기 있었는데, 『고백록(Confessions)』은 아우구스티누스의 회개 자서전이고 『하나님 도시(De civitate Dei)』는 초기 교회에 관한 논문과 교리들에 대한 그의 변호이다. 나중의 작품들에 아우구스티누스는 그의 주장을 뒷받침하려고 동물에 관해 인정된 믿음을 사용했으며, 괴물 인종들이 존재하는 것을 신중히 보고했다.

> 우리는 이 괴물들에 관한 모든 것을 믿을 필요의 의무가 없다. … 이 질문을 조심스럽고 신중하게 결론짓기 위해, 어떤 종족에 대해 말한 것들은 전혀 존재하지 않는다. 혹은 존재한다면

인간 종족이 아니다. 혹은 그들이 인간이라면, 그들은 아담의 후손이다.[5]

중세는 아우구스티누스를 존경하여 그의 의견은 심각히 택해졌다. 몇 동물 우화에 언급되었고, 그를 크게 인정한 것은 훗날의 작가들이다.

이시도르

세비야의 이시도르(560~636)의 어린 시절은 거의 알려지지 않는다. 그의 자서전 『Lucas Tudensis』는 13세기의 것으로 대부분이 우화이고 신빙성이 없다. 이시도르는 어릴 때, 기독교 정교 로마인으로 다소 세력을 가진 부모를 여의고 형 레안더의 보호 아래 있으면서 고전 교육을 받아, 교회에 헌신할 예정이었다. 따라서, 600년 이시도르는 주교로 형의 위치를 이어받으며 죽음까지 이 주교직을 지켰다. 그가 교회 당국에서 크게 존경받는 인물이었음은 사라고사 주교 브라우리오가 쓴 저술에서 볼 수 있다.[6]

---

5 We are not bound to believe all we hear of these monstrosities… to conclude this question cautiously and guardedly, either these things which have been told of some races have no existence at all; or if they do exist, they are not human races; or if they are human, they are descended from Adam.

6 Isidore, a man of great distinction, bishop of the church of Seville, successor and brother of bishop Leander, flourished from the time of Emperor Maurice and King Reccared. In him antiquity reasserted itself-or rather, our time laid in him a picture of the wisdom of antiquity: a man practiced in every form of speech, he adapted himself in the quality of his words to the ignorant and the learned, and was distinguished for unequalled eloquence when there was fit

이시도르, 탁월한 자, 주교 레안더의 후임이며 동생인 세비야 교회 주교는 황제 모리스와 왕 레카레드의 시기에 번영했다. 그에게 고대는 그 자체라고 주장한다. … 차라리 우리 시대는 고대의 지혜에 관한 이미지를 그에게 그려 넣었다. 모든 스피치의 형태로 연습한 인간으로 무지한 인간과 배운 인간에게 그의 단어들의 특질을 적용했다. 기회가 있을 때마다 필적할 만한 웅변으로 뛰어났다. 더하여, 지적인 독자는 그의 다양한 연구와 그가 완료한 작업에서 그의 지혜가 얼마나 위대한지를 쉽게 이해할 수 있을 것이다.

이시도르의 책 저술 중, 『어원학(Etymologiae)』은 지식 백과사전으로, 동물 우화집의 훗날 편집자들에게 가장 유용하게 사용된다. 20권으로 문법, 수사학과 논리, 수학, 기하, 천문학 등등이 포함된다. 이시도르는 『어원학』 텍스트를 위해 다른 초기 작가들의 글을 차용했고, 비판과 질문 없이 그것의 대부분을 수긍하였다. 그의 목적은 동물에 관한 사실을 기록하고 단어의 어원을 통해 물체에 의미를 부여함이다. 따라서 『어원학』은 단어들의 역사 연구로 그 어원들의 발전을 추적하는 시도이며, 물체의 이름은 그것이 가진 속성들을 통해 통찰력을 가져온다는 이시도르의 믿음에서 기인한다. 동물에 관한 책 서문에서,[7]

---

opportunity. Furthermore, the intelligent reader will be able to understand easily from his diversified studies and the works he has completed, how great was his wisdom.

7 Adam first named all living creatures, assigning a name to each in accordance with its purpose

『어원학』의 한 페이지, 카롤루스 왕조 마뉴스크립
(8세기, 브뤼셀, 벨기에 왕립도서관)

아담은 그 당시 그것에 종속되는 본성을 고려해서, 그 목적에 따라 이름을 부여하면서 모든 생물을 명명했다. 그러나 국가들은 그들 자신의 언어들로 모든 동물을 이름 지었다. 그러나 아담은 그리스인이나 로마인 혹은 어떤 야만인들의 언어로 이들 이름을 주지 않았고, 그러나 대홍수 이전에 존재했던 모든 언어의 하나는 유대어라 불렸다.

동물에 관한 책 12권에 이시도르는 아리스토텔레스와 대플리니우스의 실제와 상상 동물들에서 정보를 가져오며, 초기 『생리학』처럼 동물 우화에 도덕화나 알레고리를 포함하지 않았다. 후기 동

---

at that time, in view of the nature it was to be subject to. But the nations have named all animals in their own languages. But Adam did not give those names in the language of the Greeks or Romans or any barbaric people, but in that one of all languages which existed before the flood, and is called Hebrew.

물 우화 편집자들은 이시도르를 널리 인용하면서 그가 생략한 알레고리를 첨가하였다. 『아베덴 동물 우화집(Aberdeen Bestiary, f. 37v)』은 설명하기를,

> 『어원학』에서 이시도르는 까마귀가 먼저 시체 눈을 뽑는다. 마치 마귀가 육체를 가진 인간의 판단 능력을 파괴하고 눈으로 뇌를 추출하는 것처럼, 까마귀가 눈을 통해 뇌를 추출하는데, 마귀가 우리의 심판 능력을 파괴했을 때, 우리 정신 기능을 파괴하듯.[8]

즉, 이시도르는 까마귀의 기초 정보를 제공하며, 우화를 다른 출처에서 가져왔다. 필립 드 타온은 그의 동물 우화집 『Bestiaire』에서 이시도르가 묘사한 개미를 인용하여 이름이 왜 "formica"인지 설명하였다. "fortis(강한)" "mica(입자)"를 운반하는 의미로, 동물 세계에서 큰 짐을 자신의 힘으로 운반하는 작은 형상은 개미 외에 거의 존재하지 않는다.

제럴드

웨일스의 제럴드(c. 1146~c. 1223)는 서기와 연대기록자이다. 펨브로크

---

8 In his book of Etymologies, Isidore says that the raven picks out the eyes in corpses first, as the Devil destroys the capacity for judgement in carnal men, and proceeds to extract the brain through the eye. The raven extracts the brain through the eye, as the Devil, when it has destroyed our capacity for judgement, destroys our mental faculties.

셔에서 태어났으며 노르만과 웨일스의 혼혈 피를 가졌다. 1184년 잉글랜드 헨리 2세의 군목이 되어 왕의 아들 존의 아일랜드 원정에 동반, 이것은 그에게 『Topographia Hibernica』(1188)를 쓸 기회를 마련해주었다. 제럴드의 저술들은 지식의 배움과 여행들에서 얻은 경험들이며 웨일스와 아일랜드 저술에서 그는 동물 우화집에서 발견되는 몇 동물을 포함했다.

길욤 르 클럭

길욤 르 클럭의 생은 알려지지 않고, 그의 저술들에서 그 자신을 노르망디의 종교사무소 서기로 알린다. 그의 동물 우화 『Bestiaire』 혹은 『Bestiaire divin』(1210~1211)은 3,426라인 구절로 프랑스 동물 우화집에서 가장 길다. 13~15세기에 23개의 마뉴스크립이 복사되었고, 이들은 여전히 존재하며, 대부분은 이미지가 담겨 있다. 운문시로 쓴 이유를 길욤은 설명하기를, 독자들이 동물 이야기를 통해 도덕 교육에 더 유용할 수 있기 때문이다. 그의 동물 우화 텍스트는 『생리학』 버전과 이시도르의 『어원학』의 배합이다.

바톨로메우스 앙글리쿠스

바톨로메우스 앙글리쿠스(1203~1272)는 13세기의 프란체스코회 승려이다. 12세기 후반에 영국 서폴에서 태어났으며 옥스퍼드에서 자연과학과 신학을 공부한 후 파리로 옮겼다. 그는 새로 설립된 프란체스코회에 가입하였고 그 후 독일 마그데부르크에 옮겨 백과사전 『De proprietatibus rerum』(1242년 혹은 1247년)을 썼다. 이 백과사전은 당시의 과학을 전부 다루었는데, 신학, 철학, 의학, 천문학, 연대학, 동물학, 식물학, 지리, 광물학이다. 바톨로메우스의 저술은 프란체스코회의 교재로 사용되었는데, 이곳 승려들은 학문을 개체적으로 배울 시간이나 매체물이 없었기 때문이다.

휴

푸이요이의 휴(1096/1111~1172)는 아미앵 가까운 푸이요이에서 태어났으며 상 로렝 오 보와 종교 공동체에 가입했다. 사무 교육을 코르비 베네딕토회 대승원에서 받고 1132년 상 니콜라 드 레니의 창립에 수도원장이 되었다. 휴의 저술 중에 가장 잘 알려진 것은 『De claustro animae』와 『De medicina animae』로 승원의 영성에 관한 알레고리이다. 또한 『De avibus』는 새들에 관한 도덕 논문으로 기독교 평신도들을 가르치려는 의도로 쓰였다. 두 부분에 60장으로 이루어졌고 첫 부분(37장)은 성서 주석으로 『생리학』과 비슷하며, 첫 11장들은 비둘기에 관한 텍스트로 시편(68:13) 구절을 인용한다: "너희가 양 우리에 누울 때도 그 날개를 은으로 입히고 그 깃을 황금으로 입힌 비둘기 같도다."[9] 125개의 복사물이 현존하며, 대부분이 이미지를 담고 있고, 유럽 전체에 알려졌다.

피에르 드 보베

피에르 드 보베의 생은 알려지지 않았으며, 그의 마뉴스크립은 프

---

[9] Even while you sleep among the campfires, the wings of my dove are sheathed with silver, its feathers with shining gold. (Psalms 68:13)

랑스 피카르 토착어로 썼다. 아마도 그는 1218년 전에 번역가로서 라틴 동물 우화집이나 『생리학』 버전을 가지고 일했던 것 같다. 피에르는 보베의 주교 필리폰의 요청으로 동물 우화집 『Bestiaire』을 발간, 이것은 두 버전으로, 각각 71장의 긴 버전과 38장의 짧은 버전이다. 어떤 학자는 짧은 버전이 긴 버전을 줄인 것으로 주장하나, 다른 학자들은 긴 버전은 짧은 것의 연장 판이다. 왜냐하면 짧은 버전의 네 마뉴스크립 중 세 개가 몇 라틴 동물 우화집과 비슷하기 때문이다. 이 주장에 관한 문제는 긴 버전의 자료 출처이다.

필립 드 타운

필립 드 타운은 자기의 저술에 의하면, 앵글로-노르만 시인으로 노르망디 칸에서 태어나 13세기 초기 활동했던 것 같다. 그의 첫 책 『Livre des Creatures』(1119)는 동물에 관한 논문으로, 동물을 달력 및 위성들과 연관 지어 그들의 이름과 의미들을 설명하지만, 달력과 천문학 숫자이지, 종교적이거나 신비의 것이 아니다. 필립이 쓴 『Bestiaire』(1121)는 앵글로-노르만 토착어로서 3,194라인으로 프랑스 동물 우화집에서 가장 오래된 것이다. 세 마뉴스크립이 존재하는데, 그중 2개는 이미지가 담겼다. 필립은 잉글랜드 헨리 1세의 여왕에게 이 책을 증정했다. 라틴어 제목으로 38장에 41 동물을 짤막하게 묘사하였고, 동물(1~23), 새(24~34), 돌(35~38)로 나뉘고, 동물의 특수 성질을 기초로 한 도덕이나 알레고리 교육을 포함한다. 라틴어 『생리학』, 『어원학』, 성경과 동물 우화집을 인용한 결과로, 그의 동물 속성들은 라틴 동물 우화집과 비슷하다.

도미니크회 승려 방상 드 보베(c. 1190~1264?)의 『Speculum Maius』는 중세에 사용된 주요 백과사전이다. 그의 출생과 죽음의 정확한 날짜와 경력은 확실치 않으나, 파리에 잠시 거주 후, 루이 9세가 세운 보베 도미니크회 승원에 있었다. 그의 저술은 세 부문으로 나뉜다. 『Speculum Naturale』는 책 32권과 3,718장으로 13세기 중반 서유럽에 알려진 과학과 자연 역사이다. 라틴어, 그리스어, 아랍어, 유대 작가들의 인용을 엮은 출처들로, 이 책은 창조된 순서로 주제들을 다루며, 책 16~17은 새와 물고기에 관한 그들의 의학 특성을 설명한다.

Chapter

TWO

중세 동물 우화
마뉴스크립

TWO

12~13세기 프랑스 동물 우화집은 동물 신화의 두 전통으로 이름 났다. 동물 우화의 조상인 그리스 『생리학』 전통과 대플리니우스를 통해 이어받은 고전 전통이다. 그리스 『생리학』은 인간 본성이 자연 세계에서 무엇을 배우는가에 대답하는 상징의 서술이다. 거의 50부문으로 구성되며 마뉴스크립마다 약간 다르다. 각 부문에는 동물, 새, 암석의 성질을 물리적으로 설명하고, 각 주제에 종교 해석이 뒤따른다. 『생리학』의 후기 버전은 두 방식으로 그 기초를 변경하였다. (1) 새 주제를 추가하거나, (2) 도덕 요인을 생략하고, 자연 현상 작업으로 상징을 줄임이다.

어쨌든, 3~4세기 이집트 알렉산드리아가 출처지로 입증된 이론은 『생리학』의 본성과 그것의 철학이다. 자연현상의 상징 해석에 기초한 신학 연구로, 당시 신학 연구의 본질은 필요성에 의해 지배되었다. 숨겨진 진리를 발견하기 위해 단어에 숨어 있는 것을 탐색함으로써 성경의 애매한 구절을 해석하려는 뜻이다. 숨겨진 진리 탐색은 겉으로 보기에는 구약과 신약의 화해할 수 없는 본성으로 만든다. 예로, 한 인간에게 다른 뺨을 돌리라고 명령한 신약이 어떻게 '눈을 위한 눈, 치아를 치한 치아'의 구약과 화해시킬 수 있는가이다.

그러나 당시의 신학 이론에 의하면, 하나님 말씀은 모순이 있을지라도 오류가 없다. 명백한 모순은 인간 마음의 불완전한 본성 탓이다. 하나님 마음에 모순이 있을 수 없으므로 모든 명백한 모순은 하나님 안에서만 해결된다. 따라서, 하나님의 완전 본성과 성경 구절의 화해할 수 없는 본질에 직면하며 교회교부들은 신성한 영감을 통해 진정한 의미를 찾기 위해 율법서를 찾았다. 이 형태로 성경 해설이 미치는 영향과 자연 세계는 해석에 유익한 분야였다. 펠리컨, 거북, 비둘기, 사자와 수사슴 등 얼마의 동물이 성경에 언급되어 있었기 때문이다.

이 몇 동물은 성경의 첫 책인 그리스어 구약성경(Septuagint)에서 발견된다. 4세기 성 제롬의 라틴어 새 번역으로,『생리학』편집 당시 가장 잘 알려진 버전이며, 자연히 초기『생리학』은 그리스어 구약성경에서 발견되는 동물들을 포함하면서 이들의 분류와 설명의 작업인 것 같다. 이것의 출처 논쟁에서 고려할 요점은 기독교가 다른 종교들에 의해 수행된 역할로 고대 신앙처럼 일부는 쇠퇴하고, 이슬람교와 유대교처럼 일부는 여전히 번영하였다. 그리스『생리학』이 비기독교 저작에 근거했다고 생각함은 이런 이유 때문이다.『생리학』은 도덕이 포함되지 않고 동물 신체와 습관의 핸드북으로, 포함된 동물은 성경에서 말하는 동물이 아니다.

36개 종류의 중요한 동물로, 프랑스 동물 우화집의 장(chapter) 숫자는 필립 드 타온이 38장, 길욤 르 클럭이 35장, 피에르 드 보베가 각각 1~71장과 834~839장, 그리고 제베즈의 29장이다. 피에르 드 보베의 긴 버전을 제외하고 동물 선택에 일관성이 있으나, 각각 작가는 자신의 방식대로 기본 자료를 처리하고, 희소하거나 먼 동물에 참조를 추가한다. 동물의 특성과 의미가 바뀌는지, 한 유형의 동물이, 실제이든 상상이든, 다른 것보다 상징에 더 중요한지는 다소 차이가 있다. 어쨌든, 프랑스 동물 우화집은 포함된 동물 숫자와 선택에 유사하다.

다음은 이름난 중세 동물 우화 마뉴스크립이다.

AM 673a 4º Icelandic Physiologus

폴리오 5v (발간) 아이슬란드 배스트프욜드, c. 1200 (언어) 고대 아이슬란드어 (매체) 송아지 피지 (폴리오) 9 (마뉴스크립 유형) 동물 우화집 (보관) 코펜하겐 대학 (설명) 마뉴스크립 두 파편은 A와 B로, B는 약간 후에 만들었다. 출처에 증거가 없어 그들을 지역화하기 힘들다. 복사물이며 초기 버전들의 초록으로, 원본 파편의 정자법에서 추측된다. 파편은 현재까지 아이슬란드에서 일러스트레이션이 담긴 첫 책이다. B 파편에서 머리글자는 레드로, 오직 하나가 그린으로 칠해졌다. A 파편은 뻣뻣하고, 탈지되지 않은 송아지 피지에 썼다. B 파편은 부드러운 송아지 피지이다. 이미지들은 컬러가 가해졌으나 현재 거의 볼 수 없고, 작가는 번역에 신경 쓰지 않았다. A 파편 작가는 동물들의 설명과 그들 특성을 전적으로 배제하고 오직 도덕 상징에 의지했다. 많은 오해가 동물 묘사에서 발견되며, 전체로 종교 상징을 강조하였다. 마뉴스크립은 23 동물을 묘사, 사슴을 제외하고 모두 일러스트레이션을 가진다.

MS 24 Aberdeen Bestiary

폴리오 15r (발간) 잉글랜드, c. 1200 (언어) 라틴어 (매체) 양피지 (폴리오) 103, 세로 30.2cm 가로 21cm (마뉴스크립 유형) 동물 우화집 (보관) 애버딘 대학 도서관 (설명) 기록 역사는 1542년 시작, 웨스트민스트 궁의 옛 왕립도서관 목록에 올랐을 때이다. 여러 마뉴스크립이 수집가들 손으로 넘어갔으며, 애버딘 동물 우화집은 17세기 초 대학도서관에 기증되었다.

Bestiaire H. 437

폴리오 227r (발간) 프랑스, 1340? (언어) 프랑스어 (작가) 피에르 드 보베 (마뉴스크립 유형) 동물 우화집 (보관) 몽펠리에 의과대학 도서관.

MS. Ashmole 1511, the Ashmole Bestiary

폴리오 15v (발간) 잉글랜드 피터스보러? 13세기 초 (언어) 라틴어 (매체) 송아지 피지 (폴리오) 122, 세로 27.5cm 가로 18cm (마뉴스크립 유형) 동물 우화집 (보관) 옥스퍼드 대학 보들리언 도서

관 (설명) 마뉴스크립은 풍부하게 도금한 배경에 동물 일러스트레이션으로 130 세밀화를 가진다. 드로잉은 훌륭하다. 이시도르의 발췌 외에 휴의 텍스트에 29 일러스트레이션이 있다.

MS. Bodley 764

폴리오 12r (발간) 잉글랜드, c. 1225~1250 (언어) 라틴어 (매체) 송아지 피지 (폴리오) 137, 세로 29.8cm 가로 19.5cm (마뉴스크립 유형) 동물 우화집 (보관) 옥스퍼드 대학 보들리언 도서관 (설명) Harley MS 4751과 비슷하나 더 풍부한 컬러다. 완전 컬러 일러스트레이션이 123페이지에 훌륭히 처리되어 최고 동물 우화집의 하나이다. 패기러기, 백로, 잠수 새의 묘사는 제럴드의 텍스트에서 인용된다. 휴의 텍스트도 발췌되었다.

MS. Douce 132, Bestiaire

폴리오 70r (발간) 잉글랜드, c. 1250 (언어) 프랑스어 (작가) 길욤 르 클럭 (매체) 양피지 (폴리오) 86, 세로 24.8cm 가로 17.4cm (마뉴스크립 유형) 잡록 (보관) 옥스퍼드 대학 보들리언 도서관. (설명)

두 마뉴스크립의 배합이 13세기 중반 생산되었다. 폴리오 63r-81v에 일러스트레이션이 담긴 길욤 르 클럭의 동물 우화집이 있다.

Harley MS 3244

폴리오 59r (발간) 잉글랜드, c. 1255~1265 (언어) 라틴어 (매체) 송아지 피지 (폴리오) 192, 세로 28.2cm 가로 17cm (마뉴스크립 유형) 동물 우화집 (보관) 영국도서관 (설명) 동물 우화집은 폴리오 36r와 77v이다. 132투명 수채화에 장의 제목은 레드로 칠했고 이미지에 비문이 담겨 있다. 풍부한 일러스트레이션에 골드는 사용되지 않았고, 드로잉을 브라운, 레드, 그린으로 가볍게 칠했다. 설교 안내서로 수집된 여러 종교 텍스트로, 동물 우화집과 함께 설교와 참회용이다. 책 이미지는 동물 우화가 도미니크회에서 인기 설교 자료임을 제시한다. 아마 예술가는 전통 동물 우화 이미지를 떠나 대부분 텍스트를 따른 것 같다. 코끼리는 실제 모습이나 중세 영국 토착 동물이 아니므로, 예술가는 비슷한 동물을 다른 책자에서 보았거나 당시 영국에 살던 코끼리의 지식에 의한다. 1255년 프랑스 루이 9세는

헨리 3세에게 코끼리 한 마리를 선사, 런던탑의 왕실 동물원에 보존되었다.

Harley 4751

동물 우화집은『로체스터 동물 우화집』과 비슷한 텍스트나, 제럴드의 아일랜드 동물과 새들에 관한 묘사이다. 각 페이지에 시각적 드라마와 아름다움을 더하려 골드는 사용되지 않았지만, 마뉴스크립 세밀화는 극적이다. 예술가는 동물 장면을 대부분 동물 우화집보다 피와 폭력을 더 가하는 경향인데, 사냥을 즐겼던 귀족 회원을 위해 제작되었던 것 같다.

Royal MS 12F. xiii, Rochester Bestiary

폴리오 49r (발간) 잉글랜드, c. 1230 (언어) 라틴어 (매체) 송아지 피지 (폴리오) 152, 세로 29.8cm 가로 21.4cm (마뉴스크립 유형) 동물 우화집 (보관) 영국도서관 (설명) 직사각형 프레임에 순수한 골드 배경의 머리글자와 55세밀화가 그려졌다. 예술가는 남동 잉글랜드에서 일한 것 같고, 텍스트 첫 페이지 비문은 마뉴스크립이 한때 로체스터 베네딕토회 소수도원에 속한 것 같다. 동물 우화집이지만, 도덕적 자연 역사이다.『생리학』과『어원학』의 배합에 상통한다.

MS. 249, Bestiaire

폴리오 7r (발간) 잉글랜드, 13세기 (언어) 다양함 (작가) 필립 드 타온 (매체) 양피지 (스크립) 잡록 (폴리오) 164, 세로 27.3cm 가로 18cm (보관) 옥스퍼드 머튼 대학 도서관 (설명) 앵글로-노르만어로 동물 우화집은 드로잉(fols. 76r-78v), 행사와 사망, 그레고리 1세 등의 서술이 포함된다. 48 드로잉이 대부분 빈약하게 처리되었다. 마뉴스크립은 이중 칼럼에 산문 형태이며, 복사가와 예술가 사이에 협동이 없는 데, 왜냐하면 복사가는 예술가에게 충분한 공간을 주지 않아, 동물 이미지는 여백으로 남겨졌다. 아마, 그들이 라틴어를 이해 못한 것 같다. 동물 우화 부문(fols. 1-10)은 심하게 처리, 종종 여백 가까운 드로잉 부분을 잘라버렸다.

여백과 문장 동물

13세기 후반, 동물 우화집 생산이 쇠퇴하면서 동물은 마뉴스크립 페이지 여백에 나타나기 시작했다. 이 사치스러운 책들은 14세기 초까지 왕족과 귀족을 위하며, 마뉴스크립 여백에 군집하는 동물들은 텍스트가 없는 대신 우화집에서 가졌던 습성과 특징을 시각적으로 암시하였다. 마찬가지로 귀족 문장(heraldry)에 나타난 동물들은 동물 우화들의 출처를 공유하며 문장 소유자의 정체를 상징하였다. 문장에 관한 책들이 14세기 후반까지 순화하기 시작하며, 대플리니우스, 이시도르, 바톨로메우스의 백과사전들에서 출처를 찾았다. 마침내, 15세기 동물들은 동물 우화집의 기독교 도덕과 관련 없이, 문장 동물로 선택되었다.

Chapter

THREE

동물 속성과
상징

동물 [10]

영양 antelope

■ 라틴명 antalops

사냥꾼은 사나운 영양을 특수한 경우에 포획할 수 있다. 영양이 물을 마시러 유프라테스강으로 가서 그곳에 자라는 헤래신(herecine) 나무 덤불에 뿔이 걸렸을 때이다. 영양의 톱니 같은 뿔은 실제 나무를 자를 수 있음에도, 사냥꾼은 영양이 덤불에서 빠져나오려는 울부짖음을 듣고 와서 동물을 죽일 수 있다. 『생리학』과 동물 우화집들에서 영양은 현재의 영양과 같은 종이 아니며, 중세 작가들은 이 동물의 불확실한 정체성에 여러 이름을 붙였다.

알레고리/도덕

영양의 두 뿔은 인간이 스스로 사악을 피할 수 있는 구약과 신약 성경을 뜻한다. 쾌락이 인간의 신체와 영혼을 죽이는 속된 세상 덤불에서 놀지 말라는 경고이다.

일러스트레이션

마뉴스크립에서 영양은 다양하여 개에서 말의 모습까지 확장된다. 거의 항상 뿔을 가지나, 뿔 가진 톱니는 과장되었다.

British Library, Harley MS 4751

---

10 여기서 상징 동물과 다른 중요 동물만 소개한다. 동물 묘사에 일곱 텍스트가 참여한다. 대플리니우스, 이시도르, 필립 드 타온, 길욤 르 클럭, 피에르 드 보베 (2), 제베즈가 쓴 책이다. 종종 고대 텍스트도 첨부된다.

원숭이 ape

■ 라틴명 simia

원숭이를 "simia"로 부름은 인간과 비슷한 점이다.[11] 암컷은 쌍둥이를 낳는데, 하나는 그녀가 사랑하고, 하나는 미워한다. 쌍둥이를 운반할 때 그녀 팔에 사랑하는 새끼를 보호하고, 그녀가 미워하는 것은 그녀 등에 달라붙게 한다. 사냥꾼에게 추적될 때 암컷은 쌍둥이와 함께 도망하기가 피곤해지며, 잡힐 위험에 당면하면 사랑하는 새끼를 버린다. 그러나 미워하는 새끼는 그녀 등에 달라붙어 생명을 구한다.

다섯 타입의 원숭이가 있다. (1) 꼬리를 가진 것, (2) 거친 머리카락의 온순한 것, (3) 개 머리에 긴 꼬리를 가진 것, (4) 활발하고 즐거운 모습의 것, (5) 뾰족한 얼굴과 넓은 꼬리에 장수하는 것이다. 원숭이의 특징은 초승달이 되면 기뻐하고 달이 기울면 슬퍼한다. 춘분에 일곱 번 오줌을 누며, 납작하고 주름진 코 모습은 추하고 더러운 동물으로 뒷부분은 끔찍하다. 대플리니우스(1세기)는 원숭이를 교활한 동물로 언급했다.

원숭이는 일곱 동물 우화집에서 언급되었고, 그 설명에 일관성이 있다. 필립 드 타온에 의하면, 원숭이는 속임수를 사용하고 인간을 모방한다. 쌍둥이 새끼는 좋아하는 새끼는 앞, 미워하는 것은 등에 둔다.

---

11 (이시도르) 원숭이 이름은 그리스어로 "코에 밀린" 추악한 코이다. 어떤 자는 이름이 인간과 비슷한 탓이라 하지만 이것은 잘못이다.

암컷이 한 새끼를 사랑하고 보살핌은 마귀도 마찬가지이다. 필립 드 타온에 의하면, 마귀는 악을 행동하는 자를 조롱하며 지옥으로 데려간다. 착한 자는 하나님과 함께 그의 등 뒤에 남는다. 길욤 르 클럭은 설명하기를, 원숭이는 꼬리가 없으며 오직 머리를 가졌다. 마귀는 천사(머리)로 시작했으나 자존심으로 끝(꼬리)이 없이 지옥의 불행으로 남아 있다.

보편적으로 원숭이가 쌍둥이 새끼를 앞에 안고 등에 짊어진다. 장화를 신으려는 원숭이도 종종 묘사된다. 원숭이가 마뉴스크립 여백에 나타나면서 인간 행동을 모방하게 되어, 중세의 말 탄 기사 혹은 내과 의사의 조롱으로 소변 병을 조사하는 모습이다.

British Library, Harley MS 4751

나귀 ass

■ 라틴명 asinus

나귀는 "앉는다"에서 이름을 가지며, 이유 없이 명령을 거부하고 느린 동물이다. 키가 큰 나귀는 아르카디아가 원산지이며, 작은 나귀는 고난을 더 견뎌 인간에게 유용하다. 쟁기질 외에, 나귀와 말의 새끼인 노새의 번식에도 필요하다. 암컷은 새끼들에게 큰 애정을 가지나, 물을 싫어한다. 새끼들에게 도착하려고 불 속을 통과하지만, 조그만 시내를 건너지 않는다. 오직 냇가에서 물 마시며 발굽이 젖지 않으려 한다. 다리의 균열을 통해 강물을 보면 다리 건너기를 거절한다.

두 전설이 있다. 첫째는 상 빅토르가 쓴 초기 라틴어 Y 버전에 나타났다. 수컷은 나귀 무리를 총지휘하며, 암컷이 수 새끼들을 낳았을 때 질투로 그들을 거세한다. 이 전설은 대플리니우스, 이시도르, 상 빅토르와 길욤 르 클럭의 저술에 있다.

둘째는 상 빅토르의 다른 Y 버전으로 나귀가 춘분을 알림을 재설명한다. 3월 25일이 되면 나귀는 12번 소리 지른다. 이 설명은 필립 드 타온, 길욤 르 클럭, 피에르 보베의 저술에서 발견된다. 도덕 해석을 가한 모든 텍스트는 나귀가 춘분에 주어진 숫자로 우는 전설과 그 의미에 일관성을 가진다.

알레고리/도덕

필립 드 타운에 의하면, 나귀는 마귀다. 인간은 지상에서 항상 3월을 맞이하는데, 세계의 창조는 3월에 일어났다. 그리고 시간은 인간을 의미한다. 빛은 선한 인간이고 밤은 악인이다. 마귀는 그의 인간이 숫자로 감소함을 알 때 어둠의 시간처럼 애도하기 시작한다. 상 빅토르는 나귀가 먹이를 찾을 때만 울부짖음을 구약 욥기의 인용에서 가져와 첨가하였다.

Bibliothèque Nationale de France, lat. 3630

곰 bear

▌라틴명 ursus

곰은 입으로 자기 새끼의 모습을 만들어 이 이름을 가지게 되었다. 겨울이 시작될 때 교접한 후 수곰은 임신한 암곰을 건드리지 않고 출산할 때 같은 굴을 나누어 쓸 때도 한 곳에 분리한다. 30일 후 태어난 다섯 새끼는 눈과 머리가 보이지 않고 발톱만 보이는 하얀 살덩어리이다. 암컷은 이 새끼들을 핥아주어 적절한 형태로 만들며, 가슴에 안고 누워 있다. 새끼는 머리부터 태어나며, 팔과 다리를 강하게 하여 똑바로 서기를 허락한다. 곰의 힘은 팔과 다리이며 머리는 약하다. 다른 동물과 교접하지 않고 교접 시 인간처럼 포옹한다. 겨울에 수컷은 40일간 동굴에 숨어 있고 암컷은 4개월을 그렇게 보낸다. 이 기간 동안 그들은 먹지도 마시지도 않으며, 특히 처음 14일은 깊은 잠이 들어 그들에게 상처를 내어도 깨울 수 없다. 잠에서 깨어 동굴에서 나올 때 곰은 약초를 먹어 창자를 풀고 나무 그루터기에 이빨을 문지른다. 희미한 눈을 치료하려고 벌집에 가서 꿀벌이 얼굴을 찌르게 한다. 꿀을 먹으나, 맨드레이크(mandrake) 열매를 찾게 되면 거기의 개미들도 먹을 수 있다. 곰의 호흡은 전염성

을 가진다. 황소와 싸울 때, 그것은 황소 뿔과 입에 매달려 곰 무게가 황소를 피곤케 한다. 가장 사나운 곰은 눔미비아에 있다.

Bodleian Library, MS. Ashmole 1511

해리 beaver

▮ 라틴명 castor

일곱 동물 우화집에서 해리의 신체적 속성들이 완전히 일치한다. 토끼보다 다소 큰 야생동물로 "거세됨"에서 그 이름이 지어졌다. 사냥과 약 제조에 가치 있으며, 특히 흑해 지역의 해리는 그들 고환에서 생산되는 기름 때문에 사냥당함을 알고 있어, 사냥꾼의 위험에서 살아남으려 그 스스로 거세한다.[12]

다른 사냥꾼이 해리를 또다시 추적하면 그는 이미 고환을 잃은 것을 사냥꾼에게 보이고 구제된다. 물고기 꼬리, 수달 같은 몸에 부드러운 모피를 가지며, 강철처럼 강하게 물어뜯음으로써 뼈가 부서지는 소리가 들릴 때까지 상대방을 놓아주지 않는다.

알레고리/도덕

여러 동물 우화집에서 해리에 관한 도덕 해석은 유사하다. 상 빅토르에 의하면, 해리는 경건한 삶을 사는 인간, 고환은 악덕과 부정행위이다. 사냥꾼은 거룩한 인간에게 저항하여 힘없는 자신을 알고 가버리는 마귀다. 인간이 순결한 생을 원하면 모든 악덕을 끊게 되고, 마귀는 인간이 더는 속임을 당하지 않음에 그를 가만히 둔다.

Bibliothèque Nationale de France, lat. 3630

---

12 (이솝우화) 물이 괸 곳에 네발을 가지고 사는 해리는 질병 치료에 사용되는 고환으로 사냥당함을 안다. 추적받으면 해리는 어느 정도 거리를 두고 달아나지만, 도망을 피할 수 없음을 알 때 자신의 고환을 물어뜯어 사냥꾼에게 던져 죽음을 피한다.

■ 라틴명 antalops

본나콘은 패오니아에서 발견된다. 말의 갈기를 가지나 황소 머리와 닮았으며, 서로 뒤로 향해 굽어진 뿔은 싸움의 방어에 쓸모가 없다. 대신 다른 무기를 사용한다. 즉, 본나콘은 사냥꾼에게 추적될 때 상당한 거리를 도망가면서 배설물을 배출한다. 2에이커 정도로 마치 불처럼 이 동물의 추적자를 불태운다.

Kongelige Bibliotek, Gl. kgl. S. 1633 4º

낙타 camel

▓ 라틴명 camelus

낙타의 이름은 짐을 싣는 동안 드러누워서 크기가 더 작고 낮아지거나, 혹은 그들 등에 혹을 가진 그리스어 "chamai"에서 왔다. 대부분 낙타는 아라비아가 출생지이며 두 종류가 있다. 박트리아의 것은 두 혹을 가지며 강하고, 아라비아의 것은 한 혹으로, 숫자가 더 많다. 위턱에 이빨이 없어 소 같으며, 광견병에 취약하고, 말을 싫어한다. 낙타는 짐 운반에 사용하나, 규정된 무게 이상의 운반을 거부한다. 어떤 것은 여행용이다. 전투에서도 말보다 느린 속도는 이 동물의 선천적인 증오감에서 온다.

낙타는 삼사일간 목마름을 견디며 흙탕물을 더 즐겨, 깨끗한 물이면 흙탕물로 만들기 위해 발들로 휘젓는다. 마실 때 예전의 목마름과 미래의 필요성을 고려하여 물을 채운다. 낙타 발굽은 닳아 떨어지지 않으며 외국으로 운송하지 않는 한 백 년 정도는 살 수 있다. 왜냐하면 공기 변화는 그들을 병들게 만들기 때문이다. 낙타는 교접을 위해 야생으로 자란다. 교접의 욕망을 거세하면 낙타를 강하게 만들어, 이 이유로 전쟁 목적에서 암, 수컷은 모두 거세되었다.

Koninklijke Bibliotheek, KB, 76 E 4

켄타우루스 centaur

■ 라틴명 centaurus

켄타우루스는 일부는 인간, 일부는 말인 멋진 동물이다. 마치 테살리아의 기병 같은 모습인데, 말과 말을 탄 인간을 한 몸으로 보이게 하기 때문이다.

Bodleian Library, MS. Douce 88, Folio 115v

악어 crocodile

■ 라틴명 crocodilus

악어는 옐로의 컬러에서 그 이름이 지어졌다. 나일강에서 태어난 네발의 동물으로 길이는 20큐빅이다. 몸 가죽은 매우 단단해 돌에 맞아도 상처받지 않는다. 잔인한 이빨과 치열한 갈고리발톱으로 무장하며, 아래턱을 지키고, 육지 동물과 다르게 움직이는 위턱과 물기를 지닌다. 악어는 작은 새가 그의 입에 들어와 치아를 깨끗이 하게 허락한다. 따뜻하게 지내기 위해 낮에는 육지에, 밤에는 물속에 머무른다. 암컷은 다음 홍수 기간에 강물이 불어오를 지점의 육지에서 새끼 알들을 낳아야 하는 것을 미리 알며, 낳은 후 이들은 암, 수컷이 교대로 보호한다.

악어는 물에서 시력이 좋지 않지만, 육지에서는 아주 좋다. 겨울에는 식량 없는 동굴에서 사 개월간 살 수 있다. 악어를 죽이는 동물들이 있다. 예로, 악어가 턱을 열고 잠들면 하이드루스 뱀이 목구멍으로 들어와 배를 통해 죽인다. 또, 톱상어는 악어의 부드러운 배를 날카로운 지느러미로 자른다. 어쨌든, 악어는 인간을 잡아먹은 후 항상 눈물 흘리지만, 그 배설물은 인간의 미용에 효과가 있다.

알레고리/도덕

동물 우화집들에서 악어의 도덕적 해석은 유사하다. 필립 드 타온에 의하면, 하이드루스가 진흙으로 뒤덮는 것은 화신(incarnation), 즉 하나님은 속임수로 마귀를 정복함이다. 악어는 마귀이고, 열린 입은 죽음과 지옥이다. 하이드루스가 악어 배로 들어가서 악어를 죽인 후 무사히 돌아옴은, 인간으로서 지옥으로 내려간 그리스도가 죽음과 지옥에서 승리하고 하나님으로서 천국에 상승함이다.

악어의 묘사는 매우 다양하고 환상적이다. 유일한 일관성은 네 다리이다. 어떤 묘사는 개나 사자 같은 동물, 심지어 머리는 거꾸로 되었다. 매우 드물게 어떤 묘사는 악어처럼 보인다. 가장 일반적으로 하이드루스가 악어에서 나가거나 악어가 먹고 있는 장면이다.

Museum Meermanno, MMW, 10 B 25

개 dog

▓ 라틴명 canis

개 이름은 그리스어 "kuon" 혹은 짖는 소리 "canere"에서 유래한다. 개는 인간에게 가장 충실하며 다른 동물보다 더 똑똑하고, 자신의 이름을 알고 주인을 알아보고 주인집을 지키고, 주인을 위해 죽고, 주인과 함께 야생물이나 새를 사냥하며, 양을 지키고, 주인 시체에서 떠나기 거부한다. 개는 인간과 떨어져 살지 않는다.

개의 두 특성은 용감함과 속도이다. 여러 이야기에서 개의 충성을 알린다. 그의 주인을 공격한 도둑과 싸운 개는 심하게 부상했지만, 주인 시체를 버리지 않고 다른 동물과 새들을 몰아냈다. 왕 가라만테스가 적에 사로잡혔을 때 그의 200마리 개들은 그를 망명에서 호송하고 도중에 누구와도 싸웠다.

또한 한 인간이 피살당한 후 그것이 누구의 짓인지 증인이 없을 때 군중에서 살해자를 인식하고 짖어 그를 지적한 에피루스의 개는 유명하다. 야손의 개는 그의 주인이 죽은 후 먹는 것을 거절하여 배고픔으로 죽었다. 한 로마 개는 주인을 따라 감옥에 동행했고 그 주인이 처형되어 시체가 티베레강에 버려졌을 때 그것을 붙잡으려 하였다. 동물 중, 오직 개만이 주인을 알아차리고, 낯선 곳에서도, 자신의 이름을 부르는 먼 곳으로 가는 길을 잃지 않는다.

인도에서는 암캐가 밤에 야생 호랑이와 교접하려고 숲속에 묶여 있다. 여기서 태어난 새끼들은 치열하여 사자를 이길 수 있다. 첫 두 마리 새끼는 너무 치열하여 오직 셋째 새끼만 남긴다. 광견병에 걸린 개는 별이 빛나는 동안 인간에게 위험하여, 개 음식에 배설물을 섞어 이 질병을 예방할 수 있다. 하이에나의 그림자를 가로지르는 개는 그 목소리를 잃으며, 자신의 몸체를 핥아 상처를 치료하며,

항상 자신의 구토로 돌아간다.[13]

알레고리/도덕

스스로 자신의 몸체를 핥음으로써 상처를 고치는 개의 능력은 인간의 죄의 상처
가 고백으로서 치료될 수 있음을 의미한다. 자신의 구토로 돌아오는 개는, 이미
고백한 인간이 또다시 죄 많은 길로 돌아감이다. 반영되어 비친 고기를 얻으려고
가지고 있는 고기를 떨어뜨리는 개는, 욕망으로 제시된 환영에 포기하는 어리석
은 인간으로 원하는 것을 얻지 못하고 오히려 가진 것을 잃는다.

일러스트레이션

개의 다양한 이야기가 자주 묘사되었다. 왕 가라만테스의 개들 우화는 특히 인기
이며, 종종 잡힌 왕을 찾는 개, 그를 구조하는 개들이 세 개로 분리된 패널에 설
명되었다. 마뉴스크립에 많은 여백은 개들이 사슴, 토끼, 다른 게임 동물을 추적
한다.

Kongelige Bibliotek, Gl. kgl. S. 1633 4°

---

13 (이솝우화) 한 조각의 고기를 가지고 강을 건너던 개가 내려다본 물에서 자신 모습을 보았다.
   물의 반영으로 더 큰 고기 조각을 가진 또 다른 개라고 생각, 개는 그가 가지고 있던 고기를
   떨어뜨리고 더 큰 조각을 가지려고 물속으로 뛰어들었고, 결국 고기의 먹이가 없이 끝났다.

코끼리 elephant

■ 라틴명 elephas

코끼리는 산처럼 큰 동물로 그리스어 "산(lophos)" 이름을 사용한다. 높은 기억력과 지능으로 모든 동물 중 인간에 가장 가깝다. 언어와 명령을 이해하고 순종, 현명하고 의무를 기억하고, 경애를 표시한다. 유순하고 도발되지 않는 한, 해를 끼치지 않는다. 또한 엄니의 귀중함을 알아, 엄니가 떨어지면 묻어버린다. 코끼리는 무릎 관절이 없어, 쓰러지면 다시 일어설 수 없다. 이것을 피하려고 잠자는 동안 나무에 기대며, 사냥꾼은 코끼리를 잡으러 나무 부분을 미리 잘라둔다.

일곱 동물 우화집에 묘사된 코끼리는 유사하다. 필립 드 타운에 따르면, 수코끼리는 교접을 주저하므로, 암컷이 새끼를 원할 때 그녀와 수컷은 맨드레이크 나무가 자라는 천국 가까운 동양으로 여행 간다. 암컷은 약간의 맨드레이크를 먹고 얼마를 수컷에게 준다. 교접 후 즉시 임신하며 2년 후 새끼 한 마리를 낳는다. 출산할 시기, 암컷은 용의 두려움에 새끼를 깊은 물에서 낳는데, 강을 좋아하나 수영을 못하는 용은 육지에서 출산한 새끼를 집어삼키기 때문이다. 이 습격을 막기 위해 수코끼리는 망을 보며 용이 물로 접근하면 짓밟는다.

필립 드 타운에 의하면, 코끼리 가죽과 뼈가 태워질 때 그것은 뱀, 독, 더러움을 격퇴하는 냄새를 풍긴다. 수명은 300년으로, 그들은 무리로 여행하며 생쥐를 두려워한다. 코끼리는 아프리카와 인도에서 살았으나 현재 오직 인도이다. 페르시아와 인도 군인들은 수컷 코끼리 등에 나무 탑을 세워 화살을 쏘아 전투하였다. 코끼리 상아로 만든 연고는 얼굴 주름이나 점에 바르면 효과 있고, 출혈과 고통 받는 자에게 도움 된다.

알레고리/도덕

유사성이 일곱 동물 우화집에서 발견된다. 상 빅토르의 『De Bestiis et Aliis Rebus』에 의하면, 코끼리들은 아담과 이브이고, 천국 가까운 동양은 에덴동산으로 죄나 욕망 없이 교접하지 않았다. 용이 그들을 유혹, 이브는 과일을 먹고 얼마를 아담에게 주었으며, 천국을 떠나 즐거움과 열정의 세상으로 들어갔다. 코끼리들은 교접했고 암컷은 임신하였다. '죄의 물'에서 출산함은, 이브가 천국에서 쫓겨나 이 세상에서 카인을 낳음이다. 맨드레이크는 선악의 지식 나무이며, 물은 이 세상으로 변동과 관능적 쾌락이다.

큰 코끼리는 죄에서 인간을 일으킬 수 없음을 뜻한다. 그리스도는 쓰러진 코끼리들을 일으키는 데 성공한 조그만 코끼리이다. 상 빅토르는 코끼리 가죽이 뱀과 전염병을 막는 점에 도덕적 해석을 가한다. 불타는 이들은 하나님의 계명과 거룩한 역사이다. 순수한 영혼으로 들어가기 위해 사악을 허락하지 않는 계명이다. 집은 인간 마음이며 뱀은 마귀다.

일러스트레이션

코끼리의 초기 묘사들은 부정확하며, 긴 코와 엄니들로 거의 알아볼 수 없다. 두 엄니가 위 혹은 아래로, 어떤 것은 네 엄니로 두 개 위, 두 개 아래이다. 후기 묘사는 더 정확한데 코끼리를 왕족 선물로 서유럽으로 가져온 후이다. 일반적 주제는 코끼리가 용의 코일에 둘러싸인다. 또 암컷은 물에서 출산하고 수컷은 망보며 용이 가까이 있다. 코끼리 등에 무기를 가진 군인들로 가득 차며 성을 세움도 묘사되었다. 영국 슬로안도서관에 있는 코끼리 출생을 묘사한 일러스트레이션에는 세 마리(부모와 새끼), 전경에 인간 모습의 맨드레이크, 한편에 위협하는 용이 있다.

Kongelige Bibliotek, Gl. kgl. S. 1633 4º

여우 fox

■ 라틴명 vulpes

암컷은 미완성으로 출산한 새끼를 핥아 모양을 만든다. 새끼는 사자와 곰 같지만, 훨씬 더 미완성으로 태어난다. 실제 여우 출산을 보는 일은 드물다. 여우는 발로 날아다니는 것 같아 쾌활한 것으로 명명되었다. 대플리니우스에서 언급되지 않으나 다른 동물 우화집에서 여우는 유사하다. 상 빅토르에 의하면, 이름 "vulpes"는 단어 "voluptes"와 비슷하다. 여우는 직선으로 달리지 않고 커브가 진 경로를 따라간다. 뒤틀린 발을 가진 모습에 교활하고 속이는 동물로, 배가 고프고 먹을 것이 없을 때 자신을 붉은 흙으로 돌돌 말아 피 흘린 것처럼 위장하고 땅에 누워 혀를 내밀고 숨이 멈춘 것처럼 한다. 새들은 여우가 죽은 것으로 속임을 당하여, 날아가 부리로 쪼을 때 여우에게 먹힌다. 중세의 유명한 여우 레이나드는 사기꾼이었다.

알레고리/도덕

여러 텍스트에서 여우에 관한 의미는 느슨히 둘러싸였다. 여우는 세상 방법을 보유한 것들에게 죽은 것으로 가장하는 마귀다. 인간들이 나쁜 길로 들어갔을 때까지 죽은 척한다. 그 후 그들을 붙잡고 멸망에 이끌게 하며 자신을 드러낸다. 상 빅토르와 길욤 르 클럭은 덧붙이기를, 완전한 신앙을 가진 선한 인간에게 마귀는 죽었고 힘이 없다. 왜냐하면 마귀는 선한 인간의 일에 간섭하고 싶지 않다.

일러스트레이션

여우가 새를 속이는 모습이 가장 빈번하다. 자주 마뉴스크립 여백에 나타난다. 여우 레이나드 장면도 발견되고, 교회 미제리코드와 조각에서 인기 주제이다.

Museum Meermanno, MMW, 10 B 25

염소 goat

■ 라틴명 caper

염소는 음흉한 동물이다. 머리를 맞대고 항상 교접할 준비가 되어 있다. 정욕 때문에 동물의 눈이 비스듬히 기울어 그 이름을 얻었다. 뜨거운 그들 피는 다이아몬드를 용해한다. 염소가 올리브 나무를 핥으면 그 나무는 불모지가 된다. 아케라우스는 말하기를, 염소가 콧구멍 대신 귀를 통해 숨 쉬며 항상 열이 난다. 교접 동안 활발함이 더 뜨거운 이유일 수 있다. 염소는 아이비와 바닷게를 그의 병 치료에 사용한다.

대플리니우스와 제베즈 저술에서 염소는 삭제되었는데 아마도 상빅토르와 세 다른 프랑스 동물 우화집에 동물의 유사성이 집합적으로 언급되었기 때문이다. 염소는 두 종류로, 헤리시니 혹은 들판 염소이고, 동물 우화집에서 보통 묘사된 염소는 도르콘으로 상 빅토르와 필립 드 타운에서 불렸다. 이 염소는 높은 산지를 좋아하고, 산속의 조그만 계곡에서 먹이를 찾는다. 좋은 시력과 지각을 가져, 먼 거리에서 걸어오는 인간이 친구인지 적인지 알 수 있다. 밤에도 볼 수 있어, 염소의 간 섭취는 야맹증 환자를 회복시킨다.

알레고리/도덕

염소의 의미는 일정하지 않다. 고원을 좋아하는 염소는 높은 산을 사랑하는 하나님, 그리스도, 선지자, 천사, 족장, 사도이다. 염소가 계곡에서 먹이를 찾듯, 신자는 경건의 사역에 의해, 그리스도는 선행의 식량처인 성스러운 교회를 찾는다. 염소의 날카로운 시력은 하나님의 전지함과 사악의 속임수에 그의 지각을 나타낸다. (시편 138:6)[14]

---

14 여호와께서 높이 계셔도 낮은 자를 하감하시며 멀리서도 교만한 자를 아시나이다. Though the LORD is exalted, he looks kindly on the lowly; though lofty, he sees them from afar. (Psalms 138:6)

염소는 자주 산에서 풀을 먹는 것으로, 가까이 서 있거나 버팀대로 받치며 먹는 모습이다. 또 선지자 아모스가 염소 무리를 돌본다.

British Library, Royal MS 12 C. xix

그리핀 griffin

■ 라틴명 gryphes

구부러진 부리를 가진 그리핀은 네발 동물로 사자 몸체에 독수리 날개와 머리를 가진다. 하이퍼보레아 산 혹은 에티오피아에서 태어난다. 어떤 우화는 그리핀이 인도 사막에 살지만, 먹이를 발견할 때만 떠난다고 한다. 그리핀은 말의 적이다. 인간을 조각으로 찢고 이것을 새끼에게 먹이기 위해 둥지로 데려간다. 살아 있는 황소를 몰고 갈 수 있을 만큼 강하여, 광산에서 금을 파는 데도 알려졌다.

일러스트레이션

그리핀은 보통 소나 다른 동물, 때로는 인간을 그 발톱으로 쥔다. 자주 귀족 문장에 전령의 장미를 쥐고, 한 발을 올렸다.

British Library, Harley MS 4751

고습도치 hedgehog

■ 라틴명 herinacius

고습도치의 기본 속성은 여러 동물 우화집에서 일정하다. 필립 드 타운에 의하면, 어린 돼지 같으며, 포도 수확 시절, 바인 나무에 기어올라서 가지를 자르고 포도를 땅에 흔든다. 그리고 가시로 포도를 찔러서 굴리며 새끼의 먹이를 위해 굴로 운반한다. 대플리니우스는 과일이 포도 대신 사과라 주장하였다.

또한, 고습도치는 인간의 접근을 알 때 자체의 몸을 공으로 굴려 뻣뻣한 가시털로 보호, 그것의 척추에 손을 대지 않고는 잡을 수 없다. 인간을 속이려 수레처럼 삐걱거린다. 고습도치는 날씨 예고에 사용되는데 북풍이 남풍으로 바뀔 때 자신의 은신처로 돌아가기 때문이다. 북풍일 경우 고습도치는 사는 굴의 북쪽 구멍을 닫는다. 삶은 고습도치는 약 제조에 쓰인다.

알레고리/도덕

동물에게 주어진 의미는 동일하다. 필립 드 타운과 피에르 드 보베에 의하면, 바인 나무는 인간이고, 포도는 영혼, 고습도치는 마귀다. 포도 가지는 영혼의 선량함이다. 마귀는 인간의 선량함을 훔치고 그의 구원의 변화를 박탈시킨다. 길욤 르 클럭, 상 빅토르와 제베즈는 다른 의미를 부여하였는데, 포도는 영혼 열매를 상징하려고 사용되었다.

일러스트레이션

고습도치가 포도나무에 기어오르거나 포도나 사과를 굴리는 모습이다.

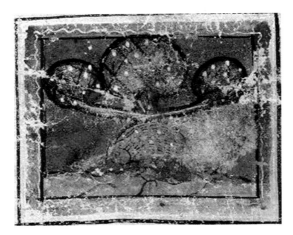

Bibliothèque Nationale de France, fr. 1444b

말 horse

▌ 라틴명 equus

마테라치를 주인으로 삼거나, 전투에서 말 탄 자들을 옹호하고 그들의 죽음으로 슬퍼했던 말에 관한 이야기가 있다. 말은 매우 똑똑하다. 50년의 수명에도, 암말은 더 빨리 죽고 다른 동물보다 새끼를 더 좋아한다. 생생하고 원기 좋은 말은 들판에서 행복하고 전쟁을 냄새 맡고 목소리로 경주하게끔 자극된다. 트럼펫 소리로 전쟁에 소환되며, 전쟁에서 패배했을 때 슬퍼하고 승리했을 때 신이 난다. 어떤 말은 전쟁에서 적을 인식하고 물어뜯어 공격한다. 또는 오직 주인만을 알고 아무도 태우지 않는다. 죽었거나 죽어가는 주인 곁에서 울고 슬퍼한다.

말은 출생 시에 이마에 열풍이라는 사랑의 독을 가져, 무화과 크기이며 블랙의 컬러이다. 누군가가 그것을 가지면, 그 냄새가 그를 사랑의 광기로 몰아넣는다. 포르투갈 리스본 근처에 사는 암말은 종종 서풍에 직면하여 임신하고, 그 새끼는 매우 신속하나 삼 년만 살수 있다. 엉덩이로 교접하는 암말을 위해 그녀의 갈기를 깎으며, 교접 후 암말은 임신한 새끼의 성별에 따라 북쪽이나 남쪽으로 달린다.[15] 세 종류가 있는데 잡일, 짐 운송, 전쟁과 말타기에 사용된다.

일러스트레이션

말의 묘사는 훌륭하며 다른 타입의 마뉴스크립에도 흔하다. 군인과 사냥꾼이 말 탄 장면들을 보통 묘사한다.

---

15 (아우구스티누스) 카파도키아에서 바람으로 암말은 임신하였고 새끼들은 삼 년밖에 살지 못한다.

Kongelige Bibliotek, Gl. kgl. S. 1633 4°

하이에나 hyena

■ 라틴명 hyaena

하이에나는 개와 늑대 간의 잡종이다. 이빨로 모든 것을 깨뜨리고, 꿀꺽꿀꺽 삼키며 배에서 씹는다. 번갈아 가는 해에 암컷과 수컷이 되어 성별을 바꿀 수 있다.[16] 척추는 강직해 그것을 돌리려면 전 몸체를 움직여야 한다. 하이에나는 밤에 집을 회전하고 인간 목소리로 가장한다. 이것에 속아 탐색하러 밖에 나가면 먹힌다. 개를 매료시켜 공격하며 하이에나 그림자를 가로지르는 개는 그의 목소리를 잃는다. 하이에나가 세 번 본 동물은 움직일 수 없다.

하이에나는 더러워 먹지 않아야 한다. 무덤 가까이 살며 거기서 발견하는 시체를 먹이로 무덤을 판다. 하이에나의 눈에 한 돌이 있다. 어떤 자는 어린 새끼의 위에 있음을 주장한다. 어쨌든, 이 돌을 인간의 혀 아래에 놓으면 그는 미래를 예측할 수 있다. 하이에나 눈에는 여러 컬러가 있다. 하이에나와 암컷 사자의 교접은 루크로타 (leucrota)이다.

알레고리/도덕

하이에나는 믿지 못하는 양면의 인간으로, 하나님을 숭상한 후 우상을 숭배한다. 또한, 탐욕스러운 호색가 남자를 상징한다.

---

16 (이솝우화) 하이에나는 한 해는 수컷이고 다음 해는 암컷으로 성을 변경한다고 한다. 어느 날 수컷이 암컷과 부자연스러운 교접을 시도했다. 암컷은 올해 그가 그녀에게 한 것을 내년에 그에게 할 것을 기억하라고 말했다. 암컷 하이에나는 수컷 여우와 교접을 원했지만, 여우는 암컷이 그의 여친구나 남친구가 될지 확신할 수 없다며 그녀를 거부했다.

(오비드) 우리는 하이에나가 어떻게 바뀌는지 경탄할 수 있다. 얼마 전에 수컷 뒤에서 떼어낸 암컷이 이제는 수컷이다.

일러스트레이션

하이에나는 보통 무덤에서 시체를 끌어내거나 먹는다.

British Library, Royal MS 12 C. xix

아이벡스 ibex

▓ 라틴명 ibex

아이벡스는 큰 두 뿔을 가진 야생 염소의 한 타입으로 높은 곳에서 살아 새와 비슷하며, 인간 눈에 잘 띄지 않는다. 이 동물은 인간 혹은 야생동물의 존재를 감지하게 되면 높은 봉우리에서 뛰어내려 두 뿔로 상대자를 공격한다. 산에서 낙하할 때도 강한 두 뿔은 상하지 않고, 놀라울 정도로 빠른 동물이다. 바위에서 바위로 뛰어오르기 원하면 휙휙 휘젓는 것처럼 뿔들 쪽으로 기울어져 그 반동으로 인해 더 빨리 뛰어넘는다.

알레고리/도덕

아이벡스는 구약과 신약의 도움으로 세상의 역경을 이겨내는 기독교 신자들이다.

일러스트레이션

아이벡스는 보통 산에서 도약하려고 뿔들로 보조받거나, 이미 땅에 뛰어내렸음을 묘사한다.

Bibliothèque Nationale de France, lat. 3630

표범 leopard

■ 라틴명 leopardus

표범은 사자(레오)와 파르드의 교접으로 타락한 새끼이다. 바톨로메우스 앙글리쿠스에 의하면, 표범은 가장 잔인한 동물로 먹이를 3~4번 도약에 가질 수 없으면 분노를 품고 뒤로 나아간다. 사자보다 몸이 작아 사자를 두려워하며, 땅 동굴을 두 배로 깊이 만든다. 표범의 동굴은 입구와 출구를 각각 가진다. 입구는 넓으며 가운데는 좁고 똑바르다. 따라서 사자가 동굴 속으로 진입하여 표범을 지배하지만, 그 큰 몸은 똑바른 동굴 중간을 자유롭게 지나갈 수가 없다. 이때 표범은 사자가 붙잡혔음을 알고 앞 굴에서 나와 사자 뒤의 다른 굴로 들어간다. 그리고 물기와 발톱으로 뒤에서 사자를 처리한다. 표범은 현명함과 교활함으로 더 강한 사자를 다룬다.

Koninklijke Bibliotheek, KB, KA 16

사자 lion

▌ 라틴명 leo

사자는 일곱 동물 우화집(대플리니우스, 이시도르, 상 빅토르, 필립 드 타운, 피에르 드 보베, 제베스, 길용 르 클럭)에서 그것의 기본 속성들에 합치한다. 사자의 신체적 묘사는 거친 얼굴에 체격이 좋다. 갈기를 가진 큰 목에 앞은 넓고 뒤는 좁다. 다리는 덜 둥글고 크고 민첩하고 발열성의 발, 긴 꼬리, 길고 구부러진 발톱을 가진다.

사자는 모든 동물의 왕이며, 그리스어(레오) 이름은 라틴어로 "왕"을 의미한다. 동물 우화집에서 묘사된 첫 동물로[17] 사자를 다룬 장은 길고 복잡하다. 족제비 크기의 단순한 살덩어리로 태어난 새끼는

---

17 (이솝우화) 사자는 프로메테우스 신에게 자신을 크고 강하게 만들었지만, 자신은 여전히 수탉을 두려워한다고 불평했다. 사자는 용기 부족으로 어리석음을 느꼈다. 그는 '코끼리와 이야기하기 위해 방문했는데, 코끼리가 썩은 박쥐에게 고통당함을 발견했다. 사자가 그 곤경을 물었을 때, 코끼리는 박쥐가 자기의 귀에 들어가면 반드시 자기는 죽을 것이기 때문에 박쥐를 두려워한다고 했다. 사자는 그 말을 듣고, 자신의 용기를 훨씬 느꼈다. 수탉은 박쥐보다 훨씬 무섭기 때문이다. 하루는 사자가 당나귀를 공격할 때 당나귀와 수탉은 함께 행동했다. 수탉은 울기 시작했다. 사자는 수탉의 울부짖음이 두려워 도망을 갔다. 사자가 그를 두려워하여 달아났다는 것을 믿은 당나귀는 사자를 추격했지만, 사자는 수탉과 멀리 떨어져, 그 울음소리를 더 들을 수 없는 순간 달리기를 멈추고 당나귀를 죽였다.

(헤로도토스) 반면에 암사자는 가장 강하고 대담한 동물 중 하나인데, 일생에 한 번, 한 마리 새끼를 낳는다. 새끼를 낳는 동시에 자궁을 잃어 다시 임신을 생각할 수 없다. 새끼가 자궁 내부에서 짓기 시작하며 다른 동물보다 날카로운 발톱이 자궁을 긁기 때문이다. 시간이 갈수록 그는 커지면서 더욱더 그것을 짓어, 마침내 출생 시 자궁에 건강한 부분이 없다.

(길용 르 클럭, 13세기) 세 특징이 있다. 첫째 항상 높은 산에 거하며, 멀리서 그것을 추구하는 사냥꾼을 볼 수 있다. 그래서 사냥꾼이 그 은신처에 따르지 않게 그 꼬리로 길을 지운다. 다른 훌륭한 특징은 잠자는 동안 눈이 활짝 열려 있고 밝다. 마지막은 매우 이상한데, 암컷 사자가 새끼를 낳을 때, 그것은 땅에 떨어지고 호흡하며 사흘 만에 생명의 징표를 얻는다.

삼 일째에 생명을 가지는데, 어미 사자가 그의 얼굴에 숨을 불어 넣고 핥아서 모양을 만드는 동안(곰과 여우도 마찬가지이다) 아버지 사자가 그 위에서 으르렁거린다. 새끼는 생후 처음 두 달 동안 전혀 움직이지 않고 6개월까지 걸을 수 없다. 대부분의 동물과 달리 사자는 정면으로 교배한다. 암컷은 처음에 다섯 새끼를 낳고 그다음부터 한 마리씩 감소하며, 오 년째에 오직 한 마리를 낳은 후 불임이 된다.

사자는 유럽의 아케루스와 메스투스 사이에서 발견되며, 시리아와 아프리카 것들보다 더 강하다. 두 종류가 있는데, 하나는 겁 많고 조그만 몸체와 컬이 진 털을 가졌고, 다른 것은 곧바른 머리에 긴 몸체로 맹렬하다. 사자는 드물게 마시며, 격식으로 먹고 때로는 큰 식사 후 삼 일 동안 금식한다. 음식이 소화되지 않으면 발톱으로 목 구멍에서 그것을 꺼낸다. 그리고 전날의 약탈물에서 남은 것은 버린다.

사자는 쉽게 화내지 않고 화가 나면 땅에 발을 동동 구른다. 배고플 때만 분노로 도약, 그의 꼬리로 동물 사냥감 주위에 원을 만들어 포획한다. 으르렁거림만으로도 두렵다. 인간을 죽이지만, 그 앞에 엎드린 자는 공격하지 않는 유일한 동물이다. 심지어 포로가 된 자도 떠나게 허락한다. 이 동물은 새끼일 때도 발톱과 이빨로 싸울 수 있다. 그의 용기는 앞과 꼬리이고, 그의 인내는 머리이다. 그 힘은 가슴에 있다. 어미 사자가 사냥꾼에게서 새끼를 지키고 있을 때, 사냥꾼의 창에 의해 두려워하지 않도록 땅을 바라본다.

산에 사는 사자는 자신이 사냥꾼에게 추적을 당함을 알면 자신의 자취를 꼬리로 지운다. 항상 눈을 뜨고 잠자며, 삐걱거리는 수레바

퀴 소리, 빈 전차와 거친 수탉, 그리고 불을 두려워한다. 병이 난 사자는 원숭이를 먹어 치료할 수 있어, 하루에 그것을 먹고 다음 날 물을 마신다. 사자는 전갈한테 해를 입고 뱀에 의해 죽는다. 사자 숨결에는 독이 있다.

알레고리/도덕

기독교 알레고리에서 사자의 세 주요 성질은 각각의 의미를 지닌다. (1) 꼬리로 자취 길을 지우는 사자는 그리스도가 그의 신성함을 숨기고 오직 추종자들에게만 자신을 드러내는 길이다. (2) 눈을 뜨고 누워 자는 사자는 그리스도가 십자가 처형 후 몸은 죽었지만, 그의 신성한 본성은 여전히 영혼 적으로 살아 있음이다. (3) 사자가 그의 죽은 새끼들에게 그들의 생명을 가져오기 위해 으르렁거림은 하나님 아버지가 그리스도를 무덤에서 사흘 후 깨운 것이다. 사자의 다른 성질들은 어떻게 인간이 살아야 하는지를 예들로 택했다. 사자는 엎드린 자를 공격 안 하고 사로잡힌 자를 도망하게 허락하고 쉽게 화를 내지 않는 것처럼 인간은 노기를 천천히 하며 쉽게 용서해주어야 한다.

제베즈에 의하면, 사자가 꼬리로 땅에 원을 그림은 강생, 눈을 뜨고 잠은 그리스도의 이중 성질을 제시한다. 새끼가 죽어 태어나 소생함은 부활이다. 필립 드 타운은 사자에게 최적의 의미를 주었다. 즉 심판 날에 유대인을 향한 엄격이다. 존재에 신성과 인간성, 하나님의 신속함, 하나님은 세상을 손에 쥐며 우리는 그리스도의 관할에 있다. 손톱들은 유대인에게는 그리스도 하나님의 복수이다. 사자가 그리는 원은 천국, 그의 꼬리는 하나님의 정의, 동물들은 인간이다. 땅은 인간 혹은 하나님이 사랑하는 자들을 징계한다. 자취를 숨김은 강생 혹은 마귀를 속이기 위해 인간 형태로 택함이다. 수탉은 성 피터, 이륜 열차는 복음 전도자이다. 눈을 뜸은, 죽음은 명백하다. 떨림은 하나님이 인간 앞에서 떨린다. 암사자는 성모 메리이고 새끼는 그리스도, 사자의 부르짖음은 하나님의 힘, 삼 일은 부활이다.

일러스트레이션

사자의 세 성질이 자주 묘사되었고 새끼 소생이 가장 빈번하다. 삐걱거리는 마차나 수탉을 무서워하는 사자도 나타났다.

비록 많은 문장이 실제 표범을 의도하지만, 사자는 인기 있는 동물 중 하나로, 그의 속성들은 동물 우화에 주어진 것과 비슷하다. 고귀하고 용감하며, 맹렬하여 오직 배가 고플 때나 공격받았을 때 공격한다. 자주 묘사된 표현은, 뒷발로 일어서고 앞발과 발톱은 연장되어 가슴 앞에 세워진다. 사자는 종종 네 개의 발 모두가 서 있거나 누워 있다. 이미지에 여러 변형이 있다. 맹렬함을 묘사하는 꼬리, 두 머리와 몸통, 한 머리와 두 몸통, 세 몸통 등등, 그리고 기독교 부활을 상징하는 날개 달린 사자는 실제의 동물이 아니고 사자 머리와 갈기를 가진 동물이다. 물갈퀴 발톱을 가진 앞다리, 허리 아래부터 물고기나 고래처럼 갈라진 꼬리이다. 즉 날개 달린 바다-사자의 배합이다.

British Library, Royal MS 12 C.xix

살쾡이 lynx

■ 라틴명 lynx

살쾡이는 그리스어 "lukos"에서 유래한다. 늑대와 비슷하며 표범의 반점을 가져, 폼페이우스 대왕(55 BC) 게임에 첫 전시되었다. 에티오피아는 살쾡이를 생산하고, 암컷은 오직 한 번 새끼를 낳는다. 예리한 비전을 가져 벽을 통해 볼 수 있는 일화도 있다. 흥미 있게도, 살쾡이의 오줌은 화염처럼 색 있는 돌(carbuncles)로 응고된다. 살쾡이는 이것을 알고 질투하며, 인간이 이 돌을 소유함을 원하지 않아, 그의 오줌을 모래로 덮어 빨리 응고시킨다.[18] 보석돌 호박인 것 같다.

일러스트레이션

보통, 살쾡이가 돌에서 오줌을 방출한다.

Bodleian Library, MS. Douce 88

---

18 (오비드) "정복당한 인도는 밀집된 포도나무의 박카스에 살쾡이를 주었으며, 오줌이 방출되더라도 돌로 바뀌고 공기와 접촉하여 굳어진다"고 말했다.

만티코어 manticore

■ 라틴명 mantichora

인도에 사는 복합동물[19]로 피 같은 컬러의 사자 몸체, 푸른 눈의 인간 얼굴과 귀, 빗 이빨같이 만나는 이빨의 삼중 열, 나팔로 혼합된 팬파이프 같은 목소리를 가진 이상한 동물이다. 대단한 거리를 도약하고 활동적이다. 매우 빠르고 인간 육체에 대해 특별한 식욕을 가지고 있다.

일러스트레이션

만티코어의 모양은 일러스트레이션에 다양하나 오직 그들은 그들의 인간 얼굴 모습으로 손쉽게 파악된다.

Museum Meermanno, MMW, 10 B 25

---

19 (바톨로메우스 앙글리쿠스) 인도에서 멋있는 동물으로 몸과 머리는 곰 같고 얼굴은 인간이다. 레드 컬러의 머리를 가지고 큰 개 입으로, 그사이에 뚜렷한 이와 삼 열의 턱을 가진다. 바깥 사지는 사자의 바깥 사지 같고 꼬리는 야생 전갈로 침을 가져 야생 돼지에게 침을 쏘며 지독한 소리로 트럼펫 같고 아주 빨리 달려서 인간을 잡아먹는다. 지상의 모든 동물 중에 더 잔인하고 더 놀라운 양을 볼 수 없다. 아비세나가 말한 것처럼, 그리스어로 "barico"라 부른다.

야생 당나귀 onager

■ 라틴명 onager

야생 당나귀를 "onager"라 부름은 그리스어로 "onus"이고 야생은 "agrion"이기 때문이다. 아프리카의 야생 당나귀는 크고 사막에서 방황하며, 이 동물의 속성은 나귀와 비슷하다.

알레고리/도덕

야생 당나귀는 마귀이다. 그는 죄인들이 개종함을 볼 때 그의 손실에 노기로 울음을 낸다. 필립 드 타온에 의하면, 낮은 선한 인간, 밤은 악의 인간, 시간은 인간 숫자를 나타내고, 춘분은 천국과 지옥을 의미한다.

일러스트레이션

보통 우는 모습이며, 새끼의 거세도 자주 묘사되었다.

Bibliothèque Nationale de France, fr. 1444b

오노켄타우루스 onocentaur

■ 라틴명 onocentaurus

오노켄타우루스는 허리까지 인간이고 그 아래는 사나운 나귀이다.

알레고리/도덕

오노켄타우루스는 남성 정욕의 상징이다. 동물의 두 성질에 도덕 의미는 다소 변화한다. 필립 드 타운과 상 빅토르의 책 22에서 인간이 악을 저지르면 동물이 된다. 인간은 그가 진실할 때 인간이라 불리고 악을 행할 때 나귀로 불러야 한다. 상빅토르 책 3과 제베즈는 두 혀를 가진 인간, 위선의 이중성을 나타내기 위해 이중 형태를 취한다. 선행을 이야기하면서 실제 악을 행하는 위선자이다.

일러스트레이션

켄타우루스처럼 화살을 착용하거나 사용한다. 혹은 곤봉을 지닌 모습도 보인다. 자주 사이렌과 함께 나타나서 배 항해사들을 공격한다.

British Library, Sloane MS 278

팬더 panther

■ 라틴명 panthera

팬더는 온순한 동물로, 용을 제외하고 모든 동물의 친구이며 그리스어 "all(pan)"에서 이름을 따왔다. 이 동물의 신체 묘사와 도덕 속성은 일곱 동물 우화집을 통해 차이가 없다. 팬더는 아름답고 여러 컬러를 가지며 그 가죽은 화이트 혹은 블랙 원반으로 점이 찍혔다. 상 빅토르에 의하면, 팬더의 유일한 적은 용이다. 팬더는 먹이를 취한 후 동굴로 들어가 삼 일간 잠잔다. 잠이 깨어, 배가 고프면 으르렁거림으로 향기를 분출하여 모든 동물을 부르며, 두려워 구멍 속에 숨는 용을 제외하고 이들은 팬더를 따른다. 그러나 팬더의 야만적인 머리는 동물들을 두렵게 하여, 그는 자신의 머리를 감추고 냄새로 먹이 동물을 끌어당긴다. 암컷은 오직 한 번 새끼를 낳는데, 새끼가 발톱으로 모체의 자궁을 상처 내 더는 임신할 수 없기 때문이다. 어떤 우화는 팬더가 초승달처럼 어깨에 자국을 가진다. 아프리카와 시리아에서 자주 나타난다.

알레고리/도덕

팬더는 모든 인간을 그에게 끄는 그리스도이다. 용은 그리스도를 무서워하고 숨는 마귀다. 팬더의 여러 컬러는 그리스도의 여러 지혜를 상징한다. 그것의 아름다움은 그리스도의 아름다움. 배가 불러 누워 잠은 그리스도는 모욕으로 가득 찼을 때 십자가에서 잠잤다. 그리스도가 유대인들의 조롱거리와 남용으로 몰리게 된 후 그는 죽음으로 잠들었고 무덤으로 들어갔다. 지옥으로 내려가서 용을 묶었고, 삼 일 후 무덤을 떠나 죽음에 대한 그의 승리에 고함쳤다. 삼 일간 잠은 부활이다. 모든 동물을 끄는 팬더의 달콤한 숨은 유대인이나 이방인들 모두를 끄는 그리스도의 말씀들이다. 으르렁거림과 향기로운 맛은 하나님 말씀과 그리스도의 달콤함이다.
일곱 동물 우화집은 그리스도를 대표하는데 이 고귀한 동물의 아름다움에 동의한다. (사자도 하나님을 대표한다) 기독교 이전의 작가 대플리니우스는 팬더가 냄새로 다른 동물들을 끌어드리는 힘을 언급했고, 그러나 냄새로 끌린 동물들은 팬더의 머리에 두려워할 것이다. 로마인 대플리니우스에게 팬더는 영원한 구제로 이끌지 않고 동물을 잡아먹는 매력 선물이었다. 머리를 숨김으로써 포획에 성공하였다.

일러스트레이션

팬더의 묘사는 대부분 유사하다. 보통 입은 열리고 컬러가 다양한 팬더 주위에 동물들이 대기한다. 혹은 팬더는 으르렁거리거나 달콤한 냄새를 방출한다. 보통 용은 구멍 속으로 숨거나 움츠린다. 어떤 마뉴스크립에서 용이 다른 동물들과 함께 걱정 없는 것같이 보인다. 혹은 팬더 혼자만 나타나, 동굴에서 반쯤 숨은 용을 향해 포효한다. 주위에 둘러싸인 동물들은 마뉴스크립마다 다양하지만, 일반적으로 수사슴을 포함한다. 몇 예술가는 팬더의 모습을 알지 못해 고양이나 당나귀로 묘사했다. 뿔 달린 머리, 두꺼운 목, 말 몸체의 복합 생물이다.

문장

문장에서 팬더는 입과 귀에서 불꽃을 보인다. 불꽃은 팬더가 방출하는 달콤한 냄새이다. 헨리 6세는 팬더를 그의 배지에 사용하여 자신을 훌륭한 미덕의 왕으로 상징하였다.

Bibliothèque Nationale de France, fr. 1444b

86

수사슴 stag

▨ 라틴명 cervus

사슴은 완전히 다른 두 속성을 가진다. 첫째는, 프랑스어 전통의 필립 드 타온이 쓴 동물 우화집이다. 즉, 사슴은 도랑에서 뱀을 발견하면, 입에 물을 가득 채워 뱀에 붓고 숨을 불어 넣는다. 뱀은 기어 나오며 사슴은 그것을 밟아 죽인다. 둘째는, 라틴어로 쓴 상 빅토르의 동물 우화집이다. 사슴의 이름은 뿔을 가진 것에서 유래하며 수명은 약 90년이다. 사슴이 아프거나 늙어짐을 느낄 때 그의 숨으로 땅에서 뱀들을 나오게 한다. 그리고 그 독액을 이겨내려 많은 양의 물을 마신다. 반대로, (독)수리와 싸울 때, (독)수리는 먼지로 몸을 감싸 사슴에게 흔들며, 그들 날개가 떨어질 때까지 사슴 머리를 때린다.

사슴은 갱생할 때 자신의 뿔을 떨어뜨린다. 따라서, 사슴뿔과 이빨은 자기 나이를 드러낸다. 알렉산더 대왕이 사슴의 수명을 알려 사슴들을 잡아 금목걸이로 표시하였다. 표시된 사슴은 백 년 전에 잡혔고 여전히 건강하며 목걸이는 지방살 겹으로 덮여 있었다.

사슴이 먹이를 찾으러 강을 건널 때 그들은 한 사슴의 거리를 정면에서 앞에 있는 것과 뒤에 맞추어 수영한다. 뒤 사슴의 머리가 앞 사슴의 등에 놓아 무게를 느끼지 않으며, 만일 앞 사슴이 피곤하면 휴식하러 자신을 마지막 열로 옮긴다.

사냥꾼 화살에 쏘였을 때 사슴은 꽃 박하(dittan)를 먹고 몸체를 흔든다. 유독한 거미에 물린 경우 게를 먹어 치료한다. 부드럽고 잘 놀라는 사슴은 귀를 곤두세웠을 때만 소리를 들을 수 있다. 노래와 갈대 파이프에 감탄하는 사슴을 사냥꾼은 곡을 연주하여 포획한다. 수컷은 탐욕스럽고 암컷은 별 아카루스(arcarus) 상승에만 오직 임신한다. 울창한 숲에서 새끼를 낳고 그들을 냄새 맡는 사냥개들을 피하려 바람을 다른 방향으로 바꾼다. 매년 뿔을 잃어 은밀한 곳으로 은퇴한다. 발견되지 않는 오른쪽 뿔은 치유 약을 함유한다. 사슴뿔을 태우는 연기는 간질의 공격을 막고 뱀을 멀리한다. 사슴의 눈물과 심장, 뼈로 만든 음료수는 심장병 치료제이다. 사슴 고기는 열병에서 보호된다.

알레고리/도덕

필립 드 타온에 의하면, 사슴은 마귀를 밟고 파괴한 그리스도이다. 뱀은 마귀다. 뱀은 신처는 인간, 신성한 영감의 호흡, 그리고 물의 지혜이다. 사슴 발아래의 뱀을 짓밟음은 그 말단이나 끝에서 결국은 그리스도에 의해 무너지는 마귀다. 강을 가로지르는 사슴들은 서로 돕는다. 그래서 세상에서 영적 생활로 건너가는 신자들은 약하거나 피곤한 자들을 돕는다. 사슴이 갱생되고 샘에서 물 마신 후 뿔을 떨어트림으로써 영혼의 샘으로부터 마시는 자들은 갱생되고 그들의 죄를 떨어버린다.

일러스트레이션

수사슴은 보통 뱀을 먹거나 물어뜯고 밟는 것으로 묘사된다. 강을 건너는 네 사슴도 보이는데 인솔자 뒤에서 세 마리는 그들 머리를 앞의 등에 기댄다. 수사슴은 사냥 장면에서 발견되며, 개와 말 탄 자들에게 추적당한다.

British Library, Harley MS 4751

호랑이 tiger

▓ 라틴명 tigris

반점으로 얼룩진 호랑이는 그것의 힘과 속력에 "tiger"로 이름 지어졌고 대부분이 히르카니아에 살고 있다. 사냥꾼이 자기 새끼들을 훔칠 때 호랑이는 그를 추적하지만, 한 계교로 피할 수 있다. 사냥꾼은 빠른 말을 준비하고 새끼들을 훔쳐 탈출하면서 필요하면 새 말로 바꾼다. 호랑이는 새끼들이 사라졌음을 알고 냄새를 맡아 사냥꾼을 계속 추적한다. 도망할 수 없는 사냥꾼은 공 혹은 거울을 던져, 호랑이는 그 공에서 자신의 반영을 보고 그것이 훔쳐진 새끼라 간주하고, 잃어버린 새끼 생각을 멈추어, 사냥꾼에게 도망갈 시간을 준다. 사냥꾼은 도중에, 다른 새끼 한 마리를 떨어뜨린다. 호랑이는 추적을 재시작하기 전, 새끼를 집으려 중지한다. 사냥꾼은 배에 도착할 때까지 이 계략을 반복한다. 이 방법으로 호랑이를 무분별하게 분노시키며, 사냥꾼은 새끼 한 마리와 함께 마지막으로 탈출한다. 인도에서는 밤에 암컷 개가 야생 호랑이와 교접하기 위해 숲에 묶여 있다. 태어난 새끼는 치열하고 사자를 이긴다.

일러스트레이션

호랑이는 훔친 새끼를 가진 말 위의 사냥꾼을 쫓거나, 그 사냥꾼이 던진 공에 정신이 산만하다. 어떤 묘사에, 호랑이의 반영이 공을 통해 보인다. 혹은 사냥꾼과 호랑이 새끼만 있다. 호랑이는 대부분 마뉴스크립에 컬러가 다양한 반점을 가진다.

mollitur. Labiie gignur vidit spam debir prat. No ill

Bibliothèque Nationale de France, lat. 3630

유니콘 unicorn

■ 라틴명 unicornis

그리스 단어 "rhinoceros"는 "코안에 뿔을 가진" 뜻을 의미, 유니콘 같은 동물을 가리킨다. 이마에 한 뿔을 가진 네발동물이다. 피에르 드 보베에 의하면, 네 긴 다리로, 이마 중간에 한 뿔을 가지고 조그만 숫염소와 비슷하다. 말의 몸체에 코끼리 발을 가지며 사슴 머리에 높은 음조의 목소리, 새끼 돼지처럼 꼬리가 있다.

사납고 재빠른 유니콘을 포획함이 불가능하다. 따라서 유니콘 사냥의 한 방법으로, 처녀를 이 동물이 다니는 길에 배치한다. 유니콘은 처녀를 보고 그의 머리를 그녀 무릎에 놓고 잠들면, 사냥꾼은 그때 포획할 수 있다. 어떤 출처는 알리기를, 처녀가 유니콘 앞에 가슴을 열면, 그것은 사나움을 멈추고 그녀 가슴에 그 머리를 얹는다. 유니콘이 조용해지면 쉽게 포획한다. 다른 출처는 처녀가 가슴을 열고 유니콘이 젖을 먹도록 허락한다. 잡힌 유니콘은 왕궁으로 운반된다.

유니콘은 자신의 뿔이나 날카로운 발톱으로 코끼리의 배를 찌른다. 뿔은 지극히 가치 있어 독을 탐지하는 데 효과가 있다. 독이 있는 음료에 뿔을 떨어뜨려 해가 없도록 하며, 가루로 만든 뿔은 최음제로 사용된다.

알레고리/도덕

유니콘은 메리의 자궁에서 육신화되고 유대인에게 잡혔고 죽임당한 그리스도이다. 그의 맹렬한 사나움은 그리스도를 쥐기 위한 지옥의 무능력이다. 유니콘의 조그만 치수는 그리스도의 겸손이 인간이 되는 상징이다. 상 빅토르에 의하면, 유니콘은 그리스도, 처녀는 성녀 메리, 포획은 강생, 사냥꾼들은 그리스도를 죽임으로 유죄 판결한 유대인, 단독 뿔은 아버지 하나님과 아들 그리스도의 통합, 뿔의 날카로움은 어떤 왕좌나 통치자도 하나님과 평등할 수 없다. 겁 많음은 강생의 겸손이고, 포착하기 어려움은 마귀는 강생의 신비를 탐사하려고 하지만, 실패하였다. 유니콘이 염소와 닮음은 죄를 극복하기 위해 피부와 가죽으로 옷 입었다. 처녀 가슴은 교회이며, 유니콘의 키스는 평화를 의미한다.

일러스트레이션

유니콘은 작으며 염소처럼 묘사되었고 보통 옷 입은 처녀를 포함한다. 몇 경우가 있는데, 처녀는 나체로 영국도서관 마뉴스크립의 경우이다. 유니콘의 공격은 피비린내지만 어떤 일러스트레이션에서 처녀는 유니콘의 죽임에 후회하거나 자책감의 증조를 보인다. 유니콘과 코끼리 싸움 혹은 유니콘이 두 마리 곰과 투쟁도 나타난다.

British Library, Royal MS 12 F. xiii

족제비 weasel

■ 라틴명 mustela

족제비는 자신의 길이로 "긴 쥐"라 불리는 더러운 동물이다. 필립 드 타온은 족제비가 입으로 임신하고 귀로 새끼를 낳는다고 주장하나, 반대설도 있다. 어쨌든, 오른쪽 귀로 출산하면 새끼는 수컷, 왼쪽이면 암컷이다. 족제비는 두 종류로 숲속과 집에 각각 거주한다. 생쥐와 뱀을 추적하며 이 동물의 영리함은 새끼를 한 장소에서 다른 장소로 옮기는 방법이다. 태양과 공기를 즐기며 의학에도 능숙하여 죽은 새끼를 소생한다. 유일한 적인 바실리스크만이 족제비를 죽일 수 있다. 족제비가 사는 구멍은 땅의 불결함으로 쉽게 발견되어, 바실리스크를 족제비 구멍에 던지면 그 악취가 바실리스크를 죽이고, 족제비도 죽는다. 족제비가 쥐들을 사냥하다 싸워 부상하면 약초로 치유한다.

알레고리/도덕

족제비는 신성한 언어들을 들으려 하며, 들은 후에 더 어떤 것도 하지 않는 인간들을 상징한다. 필립 드 타온에 의하면, 족제비는 하나님 말씀을 듣고 그것을 반복하지 않는 인간이다. 피에르 드 보베도 동의하며 순종의 의미이다.

Bibliothèque Nationale de France, fr. 1951

고래 whale

▓ 라틴명 aspidochelone

고래는 바다 쥐와 교접하여 임신한다. 산과 같은 큰 몸체를 가진 동물로, 물을 뿜어내는 것에서 이름이 유래한다. 다른 바다 동물보다 더 높은 파도를 일으키고, 끔찍함으로 괴물이라 불린다. 요나를 삼킨 고래는 그 배가 지옥과 비슷한 크기였다. "가로되 내가 받는 고난을 인하여 여호와께 불러 아뢰었삽더니 주께서 내게 대답하셨고 내가 스올의 뱃속에서 부르짖었삽더니 주께서 나의 음성을 들으셨나이다." (요나 2:2)[20] 두 이야기가 있다. 항상 바다에서 시간을 보내는 큰 동물로 그 등은 모래로 덮여 있고 바다 표면에 떠 있다. 섬으로 생각한 항해사들은 그곳에 도착하여 음식을 준비하기 위해 불을 피운다. 고래는 불의 뜨거움을 느끼고 바다로 잠수, 배는 아래로 끌려지며 항해사들은 익사한다. 또, 고래가 배고플 때 하품으로 달콤한 맛을 유출하여 조그만 물고기를 가까이 끌어당겨 삼킨다.

알레고리/도덕

필립 드 타온에 의하면, 항해사들을 속여 죽음으로 끌어내리는 고래는 마귀다. 그는 지옥으로 끌어내린 인간들을 속였다. 바다는 세계, 모래는 세상의 부유, 선원들은 영혼, 배는 인간 몸체, 나무는 부의 사랑. 냄새로 끌어당기는 물고기는 마귀를 사랑하고 그로 인해 저주받는 인간들이다. 욕망의 달콤한 향기로 포기하는 약한 믿음의 자들을 마귀는 삼킨다.

---

20 He said: "In my distress I called to the LORD, and he answered me. From deep in the realm of the dead I called for help, and you listened to my cry." (Jonah 2:2)

이미지는 다양하며 보통 큰 물고기이지만, 때때로 이상한 모습이다. 머튼 대학 마뉴스크립에서 고래는 네 다리를 가진다. 고래에 항해사들의 착륙이 묘사되었고, 종종 그 뒤에 벌써 피운 불, 고래가 잠수하여 항해사를 죽음으로 끌어내린다. 자주 물고기가 고래의 열린 입으로 헤엄치는데, 한 일러스트레이션에서 고래의 두 속성을 보인다.

Bibliothèque Nationale de France, fr. 1951

늬대 wolf

■ 라틴명 lupus

추운 지방의 늑대는 잔인하고 치열하고, 아프리카와 이집트 늑대는 약하다. 그리스인은 인간이 늑대로, 다시 인간(늑대 인간)으로 변하는 것을 믿었지만, 사실이 아니다. 늑대 이름은 그리스어 "lykos"에서 유래하며, 늑대의 도덕성을 지적하는데, 이 동물은 항상 피를 원한다. 그러나 인간이 먼저 늑대를 보면 늑대는 더는 맹렬치 않다. 반대로 늑대가 인간을 먼저 보면 인간은 목소리를 잃는다. 이 경우, 인간은 옷을 벗고 두 돌을 함께 치며 늑대가 공격하는 곳을 지켜야 한다.

늑대는 먹잇감과 땅, 종종 경사 바람으로 산다. 양 무리에 몰래 침입할 경우, 길들인 개처럼 맞바람(경사 바람)으로 접근하여, 농장 개는 늑대의 사악한 숨을 냄새 맡지 못한다. 늑대가 잘못하여 나뭇가지를 밟아 소음을 만들면 손상한 발을 자신이 물어 처벌한다. 늑대는 교활하다. 새끼들을 위해 굴 가까이에서 먹이를 사냥치 않고 멀리 간다. 그리고 함정에 걸리면 자신이 포획되기 전 도망하려 자기 몸을 자른다. 발에 힘을 가져 늑대가 밟는 어떤 것도 죽는다. 입과 어깨도 강하지만, 허리는 약해, 목을 뒤로 돌릴 수 없어 몸 전체를 사용한다. 눈들은 램프처럼 어둠에서 빛난다. 에티오피아 늑대는 여러 컬러의 갈기에 날개를 가진 것으로 상상된다. 늑대는 오랫동안 먹지 않고, 한 번에 많이 먹으며, 일 년에 12일간 교접, 암컷은 봄 시작의 첫 천둥 치는 5월에 출산한다.

알레고리/도덕

늑대처럼 마귀는 항상 인간을 먹이로 보고 신자들이 양의 무리인 교회를 둘러싼다. 늑대가 첫 천둥에 출산을 하는 것처럼 마귀도 그의 자부심의 첫 전시로 천국에서 떨어졌다. 밤에 늑대 눈들의 반짝임은 어리석은 자기에게 아름답게 보이는 마귀의 일들이다. 늑대가 목을 돌릴 수 없으므로 마귀는 참회의 교정을 할 수 없다. 목소리를 잃고 옷을 벗고 두 돌로 함께 치는 인간처럼, 죄악으로 잃은 인간은 침례를 통해 그의 세속적 자아를 찢어버리고 견고한 돌로 불리는 성인들에게 호소할 수 있다.

일러스트레이션

양 무리에 접근하고, 때때로 그 앞발을 물어뜯는다. 영국도서관 마뉴스크립에서 목소리를 잃은 인간, 늑대들은 위, 인간은 아래에서 한 돌을 각각 손에 들고 위로 올린다. 인간이 늑대를 먼저, 늑대가 인간을 먼저 본 두 분리된 드로잉이다.

Bibliothèque Municipale de Chalon-sur-Saône, MS 14

새

패기러기 barnacle goose

■ 라틴명 bernace

물에 자라는 나무들은 조그만 패기러기들을 생산한다. 새끼들은 주둥이로 나무에 매달리며, 충분히 성장하면, 나무에서 떨어진다. 물 속으로 떨어지면 살고, 땅이면 죽는다. 제럴드가 쓴 아일랜드 동물에서 패기러기가 소개되었다.

Bodleian Library, MS. Bodley 764

박쥐 bat

■ 라틴명 vespertilio

박쥐는 다른 새와 달리 생쥐를 닮은 날아가는 사족수이다. 그 이름은 황혼 후의 하루 시간에서 유래한다. 급히 빠져드는 움직임에 구동되어 날며, 약한 가지들에 매달려 찍찍 우는 소리를 낸다. 고상한 새가 아닌 박쥐는 다른 새와 달리 이빨을 가진 새끼를 낳으며, 그것이 날 때 팔에 껴안는다. 젖을 먹이는 유일하게 나는 생물이다. 박쥐는 함께 모여 포도 가지 같은 높은 위치에 매달리며, 하나가 떨어지면 모두 떨어진다.

Bibliothèque Municipale de Reims, ms. 993

블랙버드 blackbird

■ 라틴명 merula

블랙버드는 춤으로 고대 "메루라"로 불렀다. 어떤 출처는 새가 혼자 날아다님으로 명명되었다. 화이트 아케아를 제외하고 모두 블랙버드이다.

알레고리/도덕

4. 5월 노래 부르는 블랙버드는 육체적 즐거움에 유혹받는 인간들이다. 욕망을 거절하기 위해 인간은 스스로 훈련하며 육체에 고통을 줌으로써 마음의 즐거움을 제거해야 한다.

Bodleian Library, MS. Douce 308

칼라드리우스 caladrius

■ 라틴명 caladrius

칼라드리우스는 대플리니우스와 이시도로의 저술에서 발견되지 않고, 나머지 동물 우화집은 이 새의 주요 속성과 의미에 유사성을 지적한다. 상 빅토르에 의하면, 칼라드리우스는 흰 새로, 그 대퇴골의 골수는 나쁜 시력을 치료한다. 새를 병자 앞에 가져오면, 그는 그 병자가 살지 죽을지 안다. 즉, 칼라드리우스가 병자 얼굴을 쳐다보면 병자는 살 것을 의미하고, 외면하면 병자는 사망할 것이다. 새는 병자를 치료하려 그를 바라보면서, 병을 자신으로 끌어들인 후, 태양을 향해 날아가 환자 질병을 불태우고 소멸시킨다. 식용 금지의 더러운 새이다.

알레고리/도덕

칼라드리우스는 그리스도를 대표하며, 화이트는 죄의 흑암 자취가 없는 순수함. 대퇴골(골수) 안은 구세주의 은밀한 강생이다. 상 빅토르는, 새의 생명과 죽음에 관한 예지에 대해 일반적으로 설명한다. 유대인들은 그리스도를 믿지 않아, 그리스도는 그의 얼굴을 이교도로 향해 십자가에 죄들을 대신했다. 그리스도는 회개치 않는 자들에게서 돌아서고 포기하였고, 그가 얼굴을 돌린 자들에게 모든 것을 창조했다.

British Library, Harley MS 4751

신나모르구스 cinnamologus

라틴명 cinnamologus

아라비아에 사는 신나모르구스는 인간에게 가치 있는 계피 나무에 둥지를 지어 이름을 가진다. 계피가 담긴 새 둥지는 연약하고 섬세한 나뭇가지로 높이 지어져 인간이 나무를 기어오를 수 없다. 따라서 계피를 얻기 위해 나무에 공을 던진다. 상인은 다른 것보다 값비싼 가격을 지급하는 계피를 선호하기 때문이다. 납을 첨가한 화살로 둥지를 쓰러뜨리고 획득한 계피는 가장 가치 있는 무역이다.[21]

Museum Meermanno, MMW, 10 B 25

---

21 (헤로도토스) 계피 수집 방식에 더 훌륭한 방법이 있다. 나무의 자람이 어느 생산처인지 말할 수 없다. 확률은 박카스가 자란 나라에서 왔다면 된다. 훌륭한 새는 우리 그리스인이 "계피"라 부른 것으로 페니키아 단어를 택하여 막대기를 가져온다. 새는 둥지를 만들려 막대기를 공중으로 운송한다. 새는 인간이 발로 올라갈 수 없는 깎아지르는 암석에 진흙으로 고정한다. 그래서 아라비아인들은 계피 취득에 다음 도구를 사용한다. 땅에서 죽은 동물과 암소를 큰 크기로 잘라 새의 지역으로 가져가 둥지 근처에 놓는다. 그들은 멀리 물러선다. 늙은 새들이 엎드려 고기 조각을 잡고 둥지까지 날아오르나, 무게를 지탱할 수 없어 부서지고 땅에 떨어진다. 아라비아인들은 돌아와 계피를 모으고, 아라비아에서 다른 나라로 운송한다.

수탉 cock

■ 라틴명 gallus

수탉은 그리스어로 "거세된 것"에 사용 단어로 유래되었다. 새 중
오직 고환이 거세된다. 시간을 알리는 지능을 가져 언제 울어야 하
는가를 알며, 울기 전에 수탉은 그 날개들을 펼쳐 스스로 부딪친다.
울기에 숙련된 천문학자이며, 세 시간마다 울며, 태양과 함께 잠자
리에 들고 밤 네 시에 인간들을 깨운다.

수탉은 서로 간의 결투에서 누가 통치자인지를 결정하고, 승자는
거만하고, 패자는 봉사하기를 강요당한다. 정복당한 수탉은 소리
지르지 않는다. 어떤 수탉은 결투에만 사육된다. 흰 수탉은 지나친
자신감으로 사자마저 두려워한다.

Bibliothèque Municipale de Reims, ms. 993

물닭 coot

■ 라틴명 fulica

물닭은 그리스어로 "라고스(토끼)"의 맛에 유래된다. 대플리니우스나 제바즈의 저술에는 언급되지 않았고, 이시도르를 제외하고 다른 저자들은 일관성 있게 이 새를 취급하였다. 필립 드 타온에 의하면, 물닭은 영리하고 현명하고 겸손하다. 물고기를 먹고 썩은 시체를 거절하며, 평화와 먹이가 있는 곳에 머물기 좋아한다. 정지된 물에서 살고 물 중간이나 물로 둘러싸인 바위 위에 둥지를 짓는다. 폭풍우가 오면 둥지로 돌아와 물로 잠수하여 즐긴다. 머리가 좋은 물닭은 다른 새와 다르게 날아다니지 않고 한 장소에만 머문다.

알레고리/도덕

주요 속성의 의미에 관해 물닭이 한곳에 머물고 썩은 시체를 먹지 않는 습관이 모든 텍스트에 일관성 있다. 필립 드 타온에 의하면, 물닭은 신성한 인간으로 정직하게 살고 몸을 견책하려 고기를 금지한다. 스스로 고독하게 숨어 산다. 둥지는 은자의 동굴이고, 물은 하나님을 통한 지혜, 암석은 안정이다. 하나님 뜻에 따라 살며 교회 안에 남아 있는 신자로 세상 즐거움을 따르거나 이교의 길을 잃고 헤매지 않는다.

Koninklijke Bibliotheek, KB, KA 16

학 cock

■ 라틴명 grus

학은 그들이 만드는 소리에서 이름을 가져왔다. 항상 전쟁하는 난쟁이(작은 흑인종)가 적이며, 이 적대 행위는 학이 출발할 때만 멈춘다. 학은 동쪽 바다에서 먼 거리를 여행하며, 날아갈 때 알파벳 글자를 이룬다. 모두 합의한 시간에 출발하고 큰 경로로 높이 날아 찾는 땅을 볼 수 있고, 무리 중에 인솔자를 선택한다. 줄 끝에 명령을 외치기 위해 무리 일부를 배치하고, 나머지들은 함께 유지한다. 학 인솔자는 날카로운 소리로 안내하며, 순서대로 날아간다. 만일, 인솔자가 피곤하거나 그의 소리가 지쳤을 때 다른 학이 그 위치를 대신한다.

학들이 밤에 휴식할 때는 그들은 적을 감시하려 경비를 맡는다. 망보는 학은 한 갈고리발톱에 돌 하나를 잡아 위로 치켜든다. 보초 서다 잠들면 그 돌이 떨어져 그를 깨우기 때문이다. 다른 새들은 지켜보는 인솔자를 제외하고 그들 날개 아래에 머리를 두고 잠잔다.

학이 흑해를 가로지르기 전, 강풍이면 모래를 삼켜 몸 균형을 잡는다. 몸 안정을 위해 돌을 운반하며 바다 중간에 도달하면 발톱으로 돌을 떨어뜨린다. 해안에 도착하여 모래를 목구멍에서 제거한다. 아시아의 피토노스 코멘은 학이 집합하는 넓은 평원이다. 마지막에 도달하는 새는 발톱으로 공격받는다. 그들 나이는 컬러로 나타나는데, 늙으면 어두워지고 블랙으로 된다.

알레고리/도덕

망을 보는 학은 다른 인간에게 선의를 제공하는 자로, 그는 형제의 순종을 지켜보고 마귀와 이 세상의 침입들에서 보호한다. 발톱으로 쥔 돌은 그리스도이며, 발톱은 인간 마음의 기질로 자신이나 다른 인간을 지킨다. 인간은 자신의 마음에 그리스도의 돌을 운반해야 한다. 인간이 죄로 잠들면 돌의 그리스도는 그의 마음에서 떨어진다. 또 고백의 수단으로 외쳐야 한다. 노년에 컬러 변화는 인간이 죄를 회개할 때 고령자를 언급한다.

British Library, Harley MS 4751

까마귀 crow

■ 라틴명 cornix

까마귀는 긴 수명을 가지며 일부일처제이다. 수컷이 죽으면 암컷은 다른 짝을 가지지 않는다. 다른 새와 달리 새끼가 날아갈 수 있는 후에도 계속 먹이를 제공한다. 까마귀는 호두를 자신의 부리로 부수기 힘들면 그것을 공중으로 옮겨, 부서질 때까지 바위나 지붕 위에 떨어뜨린다. 공중에 날 때 그들은 동행한다. 까마귀는 소리로 비를 예언하며, 잠복하고 미래를 예언한다. 그것을 본 인간은 까마귀가 주는 징후로 불안감을 갖고 까마귀의 울부짖는 소리는 특히 번식기에 불행으로 여긴다. 그들이 아시아로 향해 바다를 건널 때 황새 무리를 데려간다. 까마귀는 시체를 발견했을 때 첫째 부리로 눈을 쫀다.

알레고리/도덕

아베딘 동물 우화집은 육아 설교로, 인간은 까마귀의 경우처럼 자식을 사랑하는 감정을 배워야 한다. 불행히도, 여성은 가능하면 즉시 사랑하는 자식에게 젖을 떼어 놓는다. 사랑하는 아기조차도 여성은 가난하면 내쫓는다. 부자도 역시 자궁 속에서 자식을 죽이는데 많은 상속자 간에 재산 분배를 피하기 위함이다. 인간을 제외한 어떤 생물이 자식들을 포기할 수 있는 생각을 가지는가?

British Library, Royal MS 2 B. vii

비둘기 dove

■ 라틴명 columba

비둘기는 인간과 동거하면서 길들이는 새이다. 쓸개가 없으며 목은 다른 컬러로 변하고 종종 둥지에 주거한다. 비둘기 컬러들은 각각 의미가 다르다. 레드는 모든 비둘기에서 최고 통치자로 다른 비둘기를 종으로 다스린다. 비둘기 노래는 슬픔에 잠기며 무리로 날며 계속 키스한다. 반지 비둘기는 순결한 새로 짝을 잃으면 혼자 산다. 쌍둥이를 낳으며, 물 위에 앉아 배의 반영을 보아 매를 피한다. 담즙이 부족한 비둘기는 암석에 구멍을 파 둥지를 만든다. 약탈한 시체나 살아 있는 것을 먹지 않고 씨를 모은다.

비둘기는 대플리니우스와 제베즈에서 언급되지 않았다. 필립 드 타온에 의하면, 인도에서 발견된 페데렉시온 나무는 그 과일을 찾는 비둘기에게 둥지를 제공하며 그 가지에서 안전할 수 있을 만큼 머물 수 있다. 용이 나무를 떠나는 비둘기를 아래서 기다리고 있기 때문이다. 용은 나무와 그 그림자를 둘 다 무서워한다.

알레고리/도덕

비둘기는 그리스도의 성령과 연결된다. 하나님은 인간이 그의 교회에 모이게 하기 위해 비둘기 형태로 성령을 보냈다. 비둘기에 여러 컬러가 있으므로, 율법과 예언자들을 통한 여러 방법의 발언이 있다. 상징주의의 내부 논리이다. 또한, 사도들의 다른 가르침이다. 비둘기 컬러들의 의미 중 레드는 우세한데, 그리스도는 그의 피로 몸값을 치르고 인간을 구해내었다. 얼룩덜룩한 비둘기는 12예언자의 다양성, 골드는 황금 이미지의 숭상을 거부한 세 소년, 블루 비둘기는 예언자 엘리자로 하늘로 올라갔다. 블랙은 애매한 설교, 실버 그레이는 구약에 나타난 요나인 반면, 화이트는 세례 요한과 침례의 정화이다. 비둘기, 용, 페데렉시온 나무 전설은 필립 드 타온, 길욤 르 클럭, 피에르 드 보베에서 동일하나, 상징 해석에 일관성이 적다. 필립 드 타온이 정확한데, 페데렉시온은 그리스도, 용은 마귀, 그림자는 성령이다.

Bibliothèque Municipale de Lyon, MS P.A. 78

수리 eagle

■ 라틴명 aquila

수리[22]는 새들 중에서 가장 강하고 고귀한 새이다. 여섯 종류가 있다. 바다 수리는 깃털이 채 나지 않은 새끼들에게 태양 광선을 바라보게 강요한다. 만일, 새끼들이 눈을 깜박이거나 물기 있는 눈을 가지면 둥지 밖으로 던져진다. 어떤 수리 종류는 그들 둥지에서 만드는 돌로 이것은 여러 치료법에 유용하다. 돌은 크고 그 안에 또 다른 돌이 있어 흔들 때 덜컥 소리가 난다. 그리고 수리는 새끼들에게 먹이 주기가 지칠 때 둥지에서 그들을 멀리 쫓아내어, 그들이 먹이로 경쟁하지 않게 한다. 늙은 수리는 질병으로 죽지 않고 굶주림 탓인데 그것의 주둥이는 먹을 수 없을 때까지 성장하고 위쪽 부리가 커지고 구부러져서 입을 열 수 없다. 그것을 암석에 대고 부수면, 다시 자란다.

어떤 종류의 수리는 사슴과 싸운다. 깃털에 먼지를 굴려 모은 다음 사슴뿔에 앉아 눈으로 먼지를 흔든다. 그리고 사슴 머리를 날개들로 떨어뜨릴 때까지 때린다. 수리는 또한 그들 알을 먹으려 시도하는 큰 뱀과 싸운다. 뱀은 수리 날개 주위를 감싸 땅에 하락시켜 수리를 물리칠 수 있다.

수리는 나이가 들면 시력이 희미해지고 깃과 날개는 무거워진다. 젊음을 재생하려 태양이 있는 곳으로 날아가 그 눈들을 안개로 치료하고 옛 깃털을 불태운다. 그리고 세 번 물속으로 뛰어들며 젊음

---

22 수리와 독수리 단어는 함께 쓰는 경향이다. 동물 우화와 성경 텍스트를 참조해 구별해야 한다.

을 찾는다.[23] 실제, 수리는 그 눈의 선명도에서 이름을 얻었다. 인간 시력보다 높아, 날면서 아래의 물에서 물고기를 보고 잠수하여 그것을 잡아 해안으로 가져간다. 젊음의 가치를 시험하려 정면으로 서 있다. 위에서 언급했듯이, 태양을 응시할 수 없고 눈을 돌리는 수리는 둥지에서 쫓겨난다.

속성과 의미 분석에 일곱 텍스트 중 완전한 리스트는 상 빅토르, 필립 드 타온, 피에르 보베의 긴 버전과 ms. 834이다: (긴 시야) 태양을 바라보는 능력 혹은 큰 높이에서 헤엄치는 물고기를 볼 수 있다. (새끼를 자기 것이 아니라고 함) 수리는 새끼가 겁내지 않고 태양을 바라보는 능력을 시험한다. 시험에 성공하는 것은 새끼로 간주하고 그러지 못한 것은 거절한다. (다시 젊어짐) 태양 가까이 높이 날아가 오랜 깃들을 태우고 눈의 흐림을 없앤다. 동양의 한 분수에 세 번 뛰어든다.

알레고리/도덕

수리는 유리하거나 불리한 해석을 둘 다 가진다. 젊음을 재생함으로 하나님에게 그의 마음의 눈들을 들어 올리는 영혼적 생을 찾고 옛 모습과 침침한 눈들의 인간이다. 수리가 태양에 젊음을 들어 올리는 것처럼 가치 있는 영혼들을 하나님께 들어 올린다. 수리가 그 주둥이를 날카롭게 하는 암석은 인간이 그의 영혼을 날카롭게 하는 암석이다. 수리가 물고기를 잡듯이 천국에서 영혼들을 잡는 그리스도를 뜻한다. 필립 드 타온에 의하면, 수리는 그리스도로 인간의 왕으로서 모든 것을 볼 수 있다. 수리의 태양을 직접 바라보는 능력은 하나님을 직접 바라볼 수 있는 그리스도 능력이다. 바다는 세계이고, 물고기는 인간이다. 수리는 하나님에게 영혼을 운반하는 천사이다. 인간이 하나님을 바라보지 않으면 그는 인간을 제쳐놓는다. 분수

---

23 (성경) 당신의 젊음은 (독)수리처럼 새롭게 될 것이다. 이 아이디어는 고대 문학에서 찾을 수 없으므로 이 문구는 젊음을 재생하는 (독)수리 주제의 근원이다.

에 뛰어듦은 침례, 동쪽은 태어남이다. 아베딘 동물 우화집에, 수리의 어휘는 종종 악령, 영혼 습격자로 표현되었다. 대조로 그것은 성인들의 예리한 이해나 깊이로 빠르게 나르는 육신화된 그리스도이며, 그 후 다시 더 높음을 찾는 것을 상징한다. 단어 "수리"는 영혼을 위한 매복에 놓여 있는 자이다. 또한, 지상의 힘을 상징한다. 먹이를 발견하려 하늘에서 땅으로 하강하는 수리는 금지된 아담의 타락을 뜻한다.

일러스트레이션

수리의 다양한 속성이 자주 설명되었다. 어떤 마뉴스크립에서는 태양으로 향하는 비행과 물에 뛰어듦이 별도로 묘사되었다. 다른 마뉴스크립에서 그들은 하나로 배합되었다. 수리의 젊음 시험도 설명되었고, 많은 경우 매 같은 새를 그렸다.

British Library, Royal MS 12 C. xix

거위 goose

■ 라틴명 anser

거위는 오리와 유사하지만 자주 헤엄을 치는 까닭에 그 이름을 얻었다. 두 종류로, 하나는 하늘 높이 순서대로 날고, 다른 것은 길들인 거위로 마을에서 외치며 주둥이로 유지한다. 반복하여 꽥꽥 울면서 소음으로 경고한다. 거위는 조심스러운 인간을 지킨다. 야간 감시자로서 다른 동물보다 더 잘 인간 냄새를 맡아 골(Gauls)족의 공격을 로마 의사당에 경고했다. 거위는 골에서 로마로 걸어오면서, 피곤하면 앞쪽으로 옮기고, 뒤에 있는 거위의 압박으로 계속을 강요당했다. 철학자 라시데스의 동반자로 그를 떠나기를 거절한 거위의 이야기에서 지혜를 볼 수 있다. 맛있는 간과 부드러운 깃털로 가치 있다.

알레고리/도덕

거위는 그들 자신의 안전을 위해 신중하고 조심하는 인간을 의미한다. 꽥꽥 울음소리는 로마 도시를 구했고, 그래서 한 형제의 경고하는 목소리는 사악한 자로 붕괴한 그의 공동체를 경고한다. 거위의 냄새 감각은 선하거나 나쁜 인간을 아는 현명한 자를 대표한다.

Bodleian Library, MS. Bodley 602

매 hawk

■ 라틴명 accipiter

작은 몸체에 큰 힘을 가진 매는 "capiendo" 이름을 가지는데 도둑 새로 다른 새들로부터 먹이를 탐욕스럽게 납치한다. 매는 새끼들한테 잔인하다. 엄한 부모로 알려져 새끼들이 날 수 있음을 알게 되면 먹이 주기를 그치며, 그들 날개를 쳐서 둥지에서 몰아내고 사냥하게 한다. 또한, 새끼들이 성인처럼 비대하지 않게 하는 점이다. 어릴 때 먹이 잡는 법을 가르쳐 성인이 되면 게으르지 않게 된다는 이유도 있다.

대플리니우스에 의하면, 16종류의 매가 있다. 땅에 있는 새, 나무 주위를 나는 새, 나무에 자리 잡는 새, 열린 지역에 나는 새 등등이다. 비둘기는 그들이 보는 매의 종류를 알고 땅에 착륙하거나 하늘에 날아 생명을 구한다. 매는 새를 잡으려는 사냥꾼을 돕는 데 사용되는데, 새를 잡은 후에 사냥꾼과 매는 각각 나눈다. 이시도르는 두 타입으로 매를 분류하였다. 가금류를 잡아먹는 야생 매와 길들인 매로 후자는 주인에 의해 길들어졌다. 깃털이 늙어지면 매들은 그들 날개를 따뜻한 바람에 가열하여 깃털을 느슨하게 하여 떨어지게 한다. 따뜻한 바람이 없으면 날개를 가열하려 날개를 두드린다.

알레고리/도덕

매가 옛 깃털을 떨어지게 하는 방법은 영혼의 따뜻한 터치가 인간이 그의 옛 생활을 포기함이다.

보통 사냥 장면이나 마뉴스크립 여백에 나타난다. 자신을 보일 때 보통 굽은 부리를 가진 새로 묘사된다.

Kongelige Bibliotek, Gl. kgl. S. 1633 4°

왜가리 heron

■ 라틴명 herodius

왜가리는 날아다니는 "ardua"에서 이름을 가져왔다. 모든 새 중에서 가장 현명하여 휴식처를 가지지 않고 먹이가 있는 곳 가까이에 산다. 높은 나무에 둥지를 만들고 물에서 먹이를 찾으나 썩은 것은 먹지 않는다. 번개와 폭풍을 두려워하고 돌풍을 피하려 구름 위로 높이 날아간다. 왜가리가 높이 날면 폭풍 예상을 의미한다.[24] 다른 새들로부터 자기 둥지의 새끼를 방어하려 부리를 사용한다.

알레고리/도덕

왜가리는 세계 무질서의 두려움을 상징하고 그 폭풍을 피하려 영혼으로 그 위에 높이 난다.

British Library, Harley MS 4751

---

24 (루칸) 남부 강풍, 나머지는 선포 / 북부 폭풍우… 왜가리 사용 / 얕음 사이로 걸어 건너며 하늘로 우뚝 솟아 있는 / 그의 날개에 급등….

오디새 hoopoe

■ 라틴명 hupupa

길욤 르 클럭에 따르면, 오디새는 더러운 새지만 성질은 친절하다.
부모가 비행과 시력의 힘을 잃었을 때 젊은 새들은 부모의 깃을 부
리로 가지런히 하여 비행 능력을 되찾고, 그들이 다시 볼 수 있도록
따뜻하게 한다. 옛 깃털을 뽑아내고 그들 눈의 안개를 핥아 늙은 부
모를 다시 젊게 한다. 새끼들은 이것을 그들을 보살펴준 부모에 대
한 보상이라 말한다. (어떤 작가는 이 특징을 황새에 부여했다) 오디새는 인간 배
설물을 먹고 더러운 둥지를 여기에 만들지만, 무덤 가까운 곳에도
살기 좋아한다. 오디새의 피를 잠자는 인간에게 묻히면, 마귀가 그
를 목 졸라 죽이려 한다.

알레고리/도덕

자식은 오디새처럼 부모가 늙어지면 보살펴야 한다. 부모가 자식에게 한 빚진 의무
이다. 사랑하는 보살핌이 생각 능력이 부족한 새에서도 보일 수 있다면, 얼마나
인간은 부모들에게 더 잘할 수 있는가이다.

일러스트레이션

오디새는 보통 볏을 가진 새로, 자주 볏을 손질하는 어린 새끼와 함께이다. 종종
볏은 생략되었다.

Museum Meermanno, MMW, 10 B 25

따오기 ibis

■ 라틴명 ibis

이집트 나일강에 살며 구부러진 부리로 항문에 물을 쏟아 스스로 깨끗이 한다.[25] 대플리니우스와 이시도르를 제외하고 모든 텍스트는 따오기의 기본 속성과 의미에 동의한다. 상 빅토르에 의하면, 따오기는 모든 새 중에 가장 불결하여 시체와 죽어가는 것을 먹는다. 물 가장자리에 온종일 죽은 물고기를 찾으러 머문다. 깊은 바다에서 깨끗한 물고기를 먹을 수 없는데 헤엄칠 줄 모르며 배우려 하지 않는다. 뱀은 뱀 알을 먹는 따오기에서 도망하여, 이집트인들은 뱀을 막기 위해 따오기를 사용한다. 페레시움에서 블랙 컬러로 태어났지만 다른 곳에서는 모두 화이트이다.

알레고리/도덕

침례를 하고 거기서 발견하는 영혼의 열매를 먹은 대신, 육체의 열매를 찾는 회개하지 않는 죄인들을 대표한다. 따오기의 의미는 일관성 있다. 필립 드 타온은 권고하기를, 하나님의 인간은 물 깊이 들어가는 것을 배워야 한다. 물은 지식이고 바다는 경전, 세상이다. 경전과 지식의 일반적 알레고리로, 지식은 모든 성스러운 영혼이 요구하는 음식이다. 경전에서 이득을 얻고 알레고리를 이해하려고 원하는 인간 양식이다. 인간이 알레고리를 이해하지 않으면, 따오기처럼 죽은 육체로 산다. 단지 육체의 즐거움과 악덕으로 지옥이 그를 소유한다.

---

25 (헤로도토스) 봄에 날개 달린 뱀이 아라비아에서 이집트로 날아가는 협곡에서 따오기라 불리는 새들을 만났다. 따오기는 입구를 막아 그들을 모두 파괴했다. 아랍인은 주장하고, 이집트인은 승인하지만, 이집트인이 따오기를 경외하는 덕분이다. 따오기는 학과 같은 다리가 있는 짙은 검정 새이다. 그 부리는 강하게 구부러지고, 크기는 손잡이 정도이다. 뱀과 경쟁하는 검은 따오기의 설명이다. 평범한 종류는 두 별개의 종으로, 머리와 목은 깃털이 벗겨져 있다. 보통 깃털은 백색이다. 그러나 머리 및 목은 검정이고 날개 끝 및 꼬리 끝도 마찬가지다. 부리 및 다리는 다른 종과 닮았다.

물고기나 썩은 고기를 그의 새끼에게 먹이는 것으로 보통 묘사되었다.

Kongelige Bibliotek, Gl. kgl. S. 1633 4º

어치 jay

■ 라틴명 graculus

어치 혹은 갈까마귀는 숲에 살며 나무에서 나무로 날아가며 시끄럽게 노래한다. 잡힌 어치를 새장에 보존하여 말할 수 있게 가르친다. 새가 숲으로 다시 도망가면 전보다 더 시끄럽다. 무리로 날고 잘 지껄이는 무례한 소리를 지닌 새이다.

알레고리/도덕

어치는 잡담을 반복하고 중상모략을 듣는 자를 대표한다. 도망간 어치는 승원의 명령을 떠나고 중상모략을 위해 연설이라는 선물로 돌아오는 자이다.

Bodleian Library, MS. Bodley 602

물총새 kingfisher

■ 라틴명 halcyon

물총새는 "alcyanea(바다 거품)"의 이름을 가진 바닷새다. 이 새들은 플레이아드를 제외하고 한여름과 한겨울에만 볼 수 있다. 겨울 중반, 바다 폭풍이 가장 강하면 물총새는 바닷가 모래에 알을 낳는다. 가장 짧은 날의 7일에 둥지를 짓고 7일 후 알을 낳는다. 7일간 알을 부화하고 7일간 먹이를 준다. 이 14일간 바다 폭풍은 계절에 맞지 않게 가라앉는다. 특히 시칠리섬으로 항해가 쉽다. 자연 날씨는 새끼 생산을 도와서, 배 항해사들은 이 시기 폭풍에 위협받지 않을 것을 알고 "물총새 날들"이라 불렀다.

Bodleian Library, MS. Bodley 764

솔개 kite

■ 라틴명 milvus

솔개는 매와 같은 종이지만 작고, 날개는 부드럽고 힘이 있다. 가금류의 적으로, 탐욕스럽고 항상 배가 고프다. 먹이가 준비된 가까운 곳에 날며, 빨리 버려진 날고기를 빼앗는다. 썩은 고기도 먹는다. 장례식이나 신들에 제공한 음식은 훔치지 않는데, 이것은 무서운 징조이기 때문이다. 솔개는 큰 일에 겁이 많으나 조그만 것에 대담하다. 삼림 지대에서는 새들을 잡을 수 없어 가금류나 어린 새들을 기다린다. 때때로 그들 등에 뻐꾸기를 운반한다.

알레고리/도덕

육체의 즐거움. 특히 음식을 즐기는 자들이다. 솔개는 야생 새들을 잡을 수 없고 오직 약한 가금류들을 사냥하므로 마귀도 영혼이 약한 자만을 괴롭힌다.

Koninklijke Bibliotheek, KB, KA 16

까치 magpie

■ 라틴명 pica

까치는 인간과 같은 독특한 소리로 말한다. 언어를 구사할 수 없더라도 인간 목소리를 모방한다. 나뭇가지에 매달린 채 귀찮게 킥킥울고 재잘거린다. 까치는 어떤 단어를 특히 좋아하고, 반복할 뿐 아니라 그것을 깊이 생각할 수 있다. 단어를 배우려면 단어를 자주 듣고, 단어가 너무 어려워서 배우지 못하면 죽을 수도 있다. 만일 단어를 잊어버렸을 때 까치는 그 단어를 다시 들을 때 크게 격려된다. 이시도르는 말하기를, 당신은 오직 까치 소리를 듣고 보지 못했다면 그것이 새라고 생각하지 않을 것이다. 까치는 그들 둥지를 누군가 보게 되면, 다른 곳으로 알을 옮긴다. 그것의 발톱은 알 운반에 적합하지 않아 영리한 방법을 사용한다. 즉, 한 나뭇가지를 알 두개에 걸쳐 위치시키고 까치가 유출하는 위 접착제로 나뭇가지를 붙인다. 그리고 그 아랫목에 넣고 어느 쪽이든 알들을 균형되게 하여 멀리 운반한다.

Kongelige Bibliotek, Gl. kgl. S. 1633 4º

나이팅게일 nightingale

■ 라틴명 luscinia

노래로 하루를 시작하는 나이팅게일의 이름은 "밝기"를 의미, "lus-cinia"는 또한 출산의 여신 이름이다. 이 새는 봄에 첫 잎이 나타날 때 15일 밤낮으로 노래한다. 음악에 놀라운 지식을 가져 인간이 플루트에서 발전시킨 모든 기술을 사용할 수 있다. 나이팅게일은 달콤한 노래들을 좋아하지만, 새들 간에 각자 틀린다. 밤에 둥지에 앉아서 지겨움을 풀어주려 노래하고, 새벽까지 지나친 열정으로 거의 죽어가는 지경이 된다. 종종 나이팅게일은 노래로 경쟁하며 여기서 패배자는 자주 죽는다. 그 숨결이 노래에 나온다. 어린 새끼는 늙은 것에서 노래를 배운다.

알레고리/도덕

아베덴 동물 우화는 나이팅게일을 어머니에 비유한다. "적절한 어머니… 새끼들은 빵이 부족하지 않고… 밤 노래로 그녀의 가난한 불행을 덜어준다. 새의 달콤함을 모방할 수 없지만, 그녀는 헌신적 의무에 적합하다."

일러스트레이션

정체를 알 수 없는 새로 묘사되며, 노래 경쟁에서 패배자는 나무에서 죽은 채 떨어지며 승리자는 그대로 남는다.

Koninklijke Bibliotheek, KB, KA 16

백로 osprey

■ 라틴명 haliaetus

아일랜드에서 발견되는 새로, 독수리보다 작고 매보다 크며 물고기를 잡아 낚시에 적합하다. 백로를 독수리의 여섯 번째 종류라 부른다. 새의 발 중 하나는 먹이를 잡는 열린 발톱을 가지며, 다른 닫힌 발은 헤엄에만 유용하다. 어떤 우화는 알리기를, 둘째 발은 물갈퀴가 있다. 백로는 물 위를 높이 나르며, 우아한 움직임으로 공중을 맴돈다. 시력이 좋아 아래 물고기를 볼 때 물로 잠수한다. 다른 우화는, 물고기는 백로의 최면술에 걸려 그들 복부를 항복으로 위로 돌린다. 물고기를 잡을 때 백로의 발과 발톱은 물고기 각 편에 두 발톱으로, 한 발은 다른 발 앞으로 위치한다.

알레고리/도덕

인간이 무엇을 하는가 보고 접근하는 마귀다. 오직 열린 것을 포획한다.

Bodleian Library, MS. Bodley 764

타조 ostrich

■ 라틴명 assida

에티오피아와 아프리카의 타조는 가장 큰 새로 기마병보다 더 빠르다. 날개를 가지나 날지 못하고, 달리기에 유용하게 쓰인다. 그 대신 발이 무기로써, 사슴 발굽과 닮았고 낙타 혹은 소 같은 갈래 발굽의 발을 가진다. 타조가 추적자로부터 도망갈 때 발로 돌을 집어 적에게 뒤로 던진다. 무엇이든 소화하는 능력이 있어, 어떤 타조는 철조차 소화한다.

타조의 어리석음은 덤불에 숨을 때 큰 몸이 숨겨지지 않았더라도 그것은 자신이 보이지 않는다고 생각한다. 필립 드 타온에 의하면, 타조는 하늘에 별 버질리아(virgilia)가 떠옴을 볼 때 알을 낳는데 6월이다. 알들에 무관심하여 그들을 모래로 덮고 잊어버린다. 알들은 여름 태양으로 뜨거워져 스스로 부화한다.[26]

알레고리/도덕

도덕 해석은 모든 일곱 텍스트가 유사하다. 필립 드 타온에 의하면, 타조는 그리스도를 갈망하여 그들의 가족을 떠나는 현명한 자로 승려들이 하는 것처럼이다. 별은 그리스도, 알들은 죽음에 남겨지고 세상 제물처럼 묻히는 자이다. 타조가 그의 알을 잊듯이 인간은 세상을 잊어야 한다. 타조가 별을 보듯이 인간도 천국에 집중

---

26 (성경) 타조 날개는 왜가리, 황새, 매 날개와 같다. 암컷이 땅에 알을 낳을 때, 그것을 먼지 속에 따뜻하게 할 것이다. 그녀는 발이 그들을 밟을지도 모른다거나, 들동물이 그들을 깰지도 모른다는 것을 잊는다. 새끼들에 무감각하다. 그녀의 것이 아닌 것처럼 헛되이 수고하여 그녀를 제한하는 두려움이 없다. 하나님은 그녀에게 지혜를 박탈하였고, 이해력도 주지 않으셨다. 때가 되면 그녀는 날개를 놓고 정착한다. 그녀는 말과 말 타는 자를 경멸한다.

(이시도르, 7세기) 타조는 날개가 없지만 땅 위로 높이 올라가지 않는다. 알을 낳은 후 따뜻하게 하지 않고 먼지에 따뜻하게 되도록 남겨둔다.

해야 한다. 아베덴 동물 우화는 타조에 관한 장을 위선에 관한 일곱 페이지 설교로 사용하였다.

일러스트레이션

타조는 보통 모래에 자기 알들을 묻는 장면으로 묘사되었고 때때로 그 짓을 하면서 별을 바라본다. 타조는 종종 새처럼 보이지 않고, 날개를 가진 용 같은 동물 같다.

Bibliothèque Nationale de France, fr. 14970

올빼미 owl

■ 라틴명 noctua

폐허에서 자주 나타나며 낮에 보기 힘든 올빼미는, 오직 밤에 날며 어둠에서 살기를 좋아하여 빛에서 자신을 숨긴다. 배설물로 자신의 둥지를 오염시키는 더럽고 나태한 새이다. 무덤 가까운 곳에서 자주 발견되어 나쁜 징조로 장례식의 새이다. 사막과 무섭고 비어 있거나 접근하기 어려운 동굴 같은 곳에 살며, 그 소리는 비명이다. 따라서, 올빼미는 누군가 사망할 것을 느낄 때 소리 지른다. 개인 주택에 머무는 올빼미도 발견되지만, 도시에서 이것을 온종일 보면 위험하다. 올빼미는 가고자 하는 곳을 직선으로 날지 않고, 비스듬히 여행한다. 어떤 우화는, 그것은 거꾸로 난다. 다른 새들이 낮에 올빼미가 숨는 곳을 알고 시끄럽게 그곳을 찾아 공격한다.

여러 종류가 있다.[27] 부엉이 올빼미(screech)는 그 목소리에서 이름을 취한다. 깃털과 게으름의 새로 밤낮으로 무덤과 동굴에서 방랑 생활을 한다. 밤 올빼미(noctua)는 폐허 된 집에 살며 빛을 차단한다. 밤에 날며 낮에는 볼 수 없는데, 태양이 그것을 시각장애인으로 만들기 때문이다. 다른 새들과의 전투에서 교활하다. 포위되고 숫자상으로 적을 때 그들은 등을 대고 발로 싸우며 자신을 묶어 부리와 발톱으로 보호한다. 도우러 온 매와 동맹을 맺고 싸움에 나선다. 일반 올빼미(bubo)는 자기 둥지를 오염시키는 더러운 새이다.

올빼미는 대플리니우스와 제베즈에서 생략되었지만, 다른 텍스트들에서 일관성 있게 묘사되었다. 필립 드 타온에 의하면, 올빼미는 밤에 날기 좋아하며 빛을 좋아하지 않는다. 더러움 속에서 살고 악을 노래한다.

---

27 레위기 11:13-23은 인간이 먹는 것과 먹지 않아야 하는 종류를 설명한다.

올빼미는 일반적으로 유대인들을 대표, 그들이 그리스도를 거절했을 때 어둠을 빛보다 더 좋아하였다. 마우루스는 말하기를, 올빼미는 그들 스스로 죄의 어둠에 빠진 자들과 정의의 빛에서 도망간 자들이다. 올빼미가 보통 부정적으로 해석되었으나, 아베덴 동물 우화는 밤 올빼미를 긍정적 도덕화로 제공하였다. 밤 올빼미는 신비의 그리스도이다. 그리스도는 밤의 어둠을 사랑했는데, 어둠을 대표하는 죄인들의 죽음을 개종하였다. 벽들의 갈라진 금에서 사는 것은 그리스도가 유대인들의 한 명으로 태어나 벽들의 갈라진 금에서 눌려 부서졌다. 즉 유대인들에 의해 죽임을 당했다. 그리스도는 자만심을 미워하는 빛이다.

필립 드 타온에 의하면, 하나님은 유대인들을 구하려 빛 속으로 인도했으나, 그들은 승인하지 않았다. 그의 계명도 듣지 않았다. 하나님은 우리에게 돌려 우리를 자기 죽음으로 마귀에서 건져 내셨다. 더러움은 유대인의 생활 방식이다. 잘못됨은 올빼미가 바르게 날지 않는 것과 같다. 올빼미 소리는 고통의 외침이다. 유대인들은 하나님 아들이었으나 십자가에서 떠났고 비 유대인들인 우리는 하나님에게 접근했다.

긴, 구부러진 부리는 대부분 마뉴스크립에서 우세하다. 유대인의 가정된 굽은 코를 보이는 의도이다. 올빼미에게 이것을 강조하려 인간 얼굴이 이 새의 모습에 가해졌다. 다른 새들에 둘러싸임은 보편적이고 교회 성가대석의 미제리코드에 자주 조각되었다.

British Library, Harley MS 4751

앵무새 parrot

■ 라틴명 psittacus

앵무새는 인도 연안에서 발견되는데 목에 레드 컬러의 원을 가진 그린 컬러의 조류이다. 새는 인간처럼 말을 배울 수 있으며, 자기의 주인을 접견하고 주인이 말한 단어를 반복한다. 인사말은 본질적으로 가능하나, 다른 단어들은 배워야 한다. 앵무새는 어릴 때 말을 더 잘 배우며, 배우지 못하면 딱딱한 머리를 철 막대로 때려야 효과가 있다. 조그만 타격은 느끼지 않는데, 앵무새 머리가 지나치게 딱딱하다. 부리도 마찬가지로 새가 높은 곳에서 떨어지면 부리를 파괴할 수 있다. 발은 약하다. 앵무새가 비를 싫어함은 빗물이 그들의 컬러를 추하게 보이게 하기 때문이다. 두 종류가 있는데, 세 발톱을 가진 종은 비열한 성질이고, 여섯 발톱의 것은 온순하다.

일러스트레이션

앵무새는 보통 그 목에 깃을 가진 그린 새로 묘사되었다.

Kongelige Bibliotek, Gl. kgl. S. 1633 4°

자고새 partridge

■ 라틴명 perdix

자고새는 대플리니우스의 저술에서 언급하지 않았으며 나머지 텍스트들은 유사성을 가진다. 필립 드 타온에 의하면, 병아리들을 잃음은 자고새가 훔쳐 그들을 부화시켰기 때문이다. 병아리들은 성장하여 그들 부모 목소리를 들으면 부화장을 떠나버리므로, 결국 자고새는 한 일에 아무 이익도 얻지 못한다. 이 인용은 예레미야(17:11)에게 나타난다.[28] 자고새는 그 이름이 "바람을 부수기 위해"에서 유래한다. 속임의 새로서 정욕적인 수컷이 수컷과 교접하는 불결한 새이다. 빈번한 교접은 그들을 피곤케 하고, 욕정이 강한 암컷은 수컷에서 불어오는 바람으로도 임신한다.

자고새는 다른 동물로부터 안전하도록 가시와 나뭇가지로 둥지를 보호한다. 알을 낳은 후, 다른 곳으로 옮겨 장소가 알려지지 않게 부드러운 먼지로 덮는다. 누군가 둥지 가까이 오면 암컷은 부러진 발이나 날개로 부상한 척 위장하고 도망치면서 침해자를 멀리 유인한다. 암컷은 보호할 알들이 없으면 도망치지 않고 밭고랑에 등을 대고 자신의 발톱에 흙덩어리를 덮어 가린다. 새끼들이 위험에 노출되면 자고새는 그들을 뒤에 눕히고 발톱으로 그들 위에 흙덩어리를 쥔다. 그리고 스스로 위장한다. 암컷은 때때로 알을 운반하는데 수컷이 알을 깨서, 그것을 막아야 하기 때문이다. 수컷들은 암컷에 대한 욕망에 결투한다. 싸움에서 패자는 승자에게 복종한다.

---

28 불의로 치부하는 자는 자고새가 낳지 아니한 알을 품음 같아서 그 중년에 그것이 떠나겠고 필경은 어리석은 자가 되리라. Like a partridge that hatches eggs it did not lay is the man who gains riches by unjust means. When his life is half gone, they will desert him, and in the end he will prove to be a fool. (Jeremiah 17:11)

알레고리/도덕

모든 텍스트에서 알을 훔치는 자고새는 그들의 창조자에서 영혼을 훔치는 마귀를 의미한다. 교회에서 침례 받은 인간들을 훔치나, 그들의 양친(하나님과 교회) 목소리를 들을 때, 불명예스럽게 죄인들이 하나님을 진정한 부모로 인식할 때 하나님에게 돌아온다. 상 빅토르는 설명하기를, 새는 마귀이고 알들은 희망이다. 알들을 잃어버린 새는 교회이다.

일러스트레이션

자고새는 정체를 알 수 없는 새로 그려졌다. 어떤 마뉴스크립에서 새는 알을 훔친다. 혹은 알로 가득 찬 둥지에 가까이 있다.

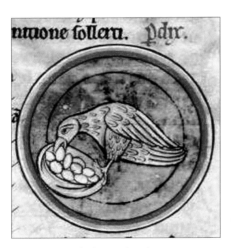

British Library, Harley MS 4751

공작 peacock

■ 라틴명 pavo

대단한 선견을 가진 공작은 그 목소리에서 이름을 취한다. 공작의 살은 딱딱하고 거의 썩지 않으며 불로 삶을 수 없고 간은 소화할 수 없다.[29] 목소리는 예기치 않게 비명 지를 때 공포를 일으킨다. 머리는 뱀 같으며 가슴은 사파이어 컬러, 날개에 레드 깃털, 눈 모양으로 장식된 긴 그린 꼬리를 지녔다.

공작은 자신의 아름다움을 자랑으로 여긴다. 칭찬받으면 깃털을 태양을 향하여 펼쳐 더 밝게 빛나고, 꼬리를 휘감아 몸에 그림자를 드리운다. 어둠 속에서 더 밝게 빛나기 때문이다. 꼬리 날개에 있는 눈 모양들이 보였을 때 더 기쁘다. 심지어 아름다움에 칭찬받으면, 후부를 벌거벗기고 꼬리를 들어 올린다.

공작을 갑자기 깨우면 비명을 지르는데, 이 새는 자기의 아름다움을 잃었다고 생각한 탓이다. 발은 매우 추해 공작은 이것을 숨기려 높이 날기를 거절한다. 또한, 꼬리 깃털이 가을 털갈이에서 떨어지며 새 깃이 자랄 때까지 부끄러워 숨는다. 25년을 사는데, 세 살에 이미 퇴색이 시작한다. 어떤 자는 특징짓기를, 이 새는 과시적이고 짓궂으며 예민하다.

---

29 (아우구스티누스) 만물을 창조하신 하나님 외 누가 공작 살에 방부제를 주었을까? 이 속성은 내가 처음 들어봤을 때 나에게 놀라운 것처럼 보였다. 카르타고에서 이런 종류의 새가 요리되고 나에게 제공되었다. 그의 가슴에 적당한 살 조각을 취하여, 나는 그것을 보존하라는 명령을 내렸다. 그리고 그것이 만들어지도록 여러 날을 지켰을 때 다른 살은 악취가 났고, 공작은 먼저 생산되었으나, 악취가 나지 않았다. 그리고 30일 이상 쌓아놓은 후에도 여전히 같은 상태였다. 1년 후, 똑같은 정지 상태를 보였다. 더 가볍고, 더 건조한 것을 제외하고는.

알레고리/도덕

공작의 딱딱한 살은 욕망의 불꽃에 움직이지 않고 남아 있는 교육자들의 마음이다. 공작의 두려운 목소리는 죄인들에게 지옥에서 그들의 끝을 경고하는 설교사의 목소리이다. 꼬리의 눈들은 인간 전부가 끝에 당면할 위험을 예견하는 교육자의 능력을 상징한다. 공작이 칭찬받을 때 꼬리의 올림은 인간은 칭찬으로 자부심을 갖지 않도록 상기해야 하며 그래서 인간의 추한 허영을 드러내지 않아야 한다. 아베덴 동물 우화는 성경을 인용했는데, 솔로몬은 공작을 되돌아 가져오는 원정을 보냈는데, 이 주제의 알레고리에 두 페이지를 통해 설교한다.

일러스트레이션

공작은 보통 컬러를 가진 새로 묘사되어 측면에서 보이고 길고 점이 있는 꼬리에 머리 벗은 강조되었다. 몇 마뉴스크립에서 머리 위에 보였는데 긴 꼬리를 펼친 채이다. 영국도서관 마뉴스크립에서 수컷과 암컷이 대면하며 수컷은 꼬리에 눈들을 가지고, 암컷은 그러지 않다.

Bibliothèque Municipale de Reims, ms. 993

펠리컨 pelican

■ 라틴명 pelicanus

모든 일곱 텍스트는 펠리컨을 포함하나 대플리니우스의 것은 명확하지 않다. 필립 드 타온에 의하면, 펠리컨은 학 같으며 이집트에 산다. 두 종류로, 하나는 나일강에서 물고기를 섭취하고, 다른 것은 도마뱀, 악어, 뱀을 먹고 나일강 삼각주의 섬에 기거한다. 그 이름은 "긴 부리"로 그리스어에서 유래한다.

펠리컨의 어린 새끼들이 부화하면서 부모를 쪼아 눈을 파괴할 때 어미는 새끼한테 큰 사랑을 가지나 화로 인해 새끼를 쪼아 죽인다. 삼 일째 돌아와서 새끼들이 죽은 것을 발견하고 자신의 가슴을 꿰뚫어 상처를 입혀 그 피가 죽은 새끼들에게 흐르게 하여 소생시킨다. 어떤 우화는, 아버지가 어린 새끼를 죽이며 그의 피로 다시 소생케 한다. 이시도르는 펠리컨이 새끼를 떠나는 대신 삼 일간 새끼로 인해 슬퍼하는 속성을 첨가하였다. 어떤 우화는 두 종류를 다른 속성으로 구별한다. 물에 사는 종류는 물고기를, 그리고 섬에 사는 종류는 더러운 동물을 먹는다.

어쨌든, 펠리컨은 만족할 줄 모르는 배고픔으로 그 위장은 장시간 음식 섭취를 보류할 수 없다. 먹는 모든 것이 즉시 소화된다. 탐욕스러운 펠리컨은 목에 둘째 위장을 가지며 그의 용량을 증가한다. 나중에 이곳에서 음식을 가져와 진짜의 위장에 전달한다.

알레고리/도덕

모든 텍스트의 의미는 거의 일정하다. 상 빅토르는 상세한 해석을 가진다. 펠리컨은 그리스도, 새끼는 그리스도의 피로 구해진 인간, 부모의 눈들을 쪼는 어린 새끼는 하나님의 진실을 부정하는 자들이다. 펠리컨이 자신의 가슴을 자르는 것은 십자가에 그리스도의 죽음을 대표한다. 그의 피 흐름은 인간을 재생케 한다. 아베딘 동물 우화집에서, 펠리컨의 배고픔은 한 은자의 생활로 모델이 되었다. 그는 빵으로 살며 위를 채우려 하지 않는다. 먹기 위해 사는 것이 아니고 살기 위해 먹는다.

Museum Meermanno, MMW, 10 B 25

불사조 phoenix

■ 라틴명 phoenix

불사조는 "phoeniceus(퍼플)"에서 이름 얻은 아라비아 새이다. 세계에서 오직 하나로 아랍인들은 피닉스라 불렀다. 불사조에 두 버전이 있다. 첫째, 인도에서 사는 새로, 오백 살이 되었을 때 유향 나무에 날아가, 향료로 그 날개들을 채운다. 초봄에 헬리오폴리스의 성직자가 나뭇가지 연단을 덮으면, 불사조는 이곳에 와서 불을 일으켜 자신을 소멸한다. 다음 날 조그만, 달콤한 냄새의 벌레가 재에서 발견되고, 그다음 날 벌레는 조그만 새로 변했고 삼 일째 불사조가 되며 원산지로 돌아온다.

둘째 버전은, 불사조는 아라비아에서 사는 퍼플 혹은 레드 새이다. 거기에는 세계에서 오직 하나 살아 있는 불사조로 그것이 늙으면 나무와 향로 더미를 세워 기어오른다. 태양을 마주 보고 자신이 완전히 소멸할 때까지 그의 날개로 불을 발화한다. 어떤 우화는 불을 점화하는 것은 태양이다. 다른 우화는 불사조가 돌에 대항하여 부리를 부딪치며, 더미에 향료로 모인 돌들에 불을 만들려고 함께 문지른다. 새 불사조는 옛 재에서 상승한다. 또 다른 버전은 위 이야기의 부분을 배합한다. 어쨌든, 불사조 이야기는 고대부터 여러 버전으로 널리 알려졌다.[30]

---

30 (헤로도토스) 그들이 피닉스라 부르는 성스러운 새의 그림을 제외하고 나는 결코 보지 못했다. 실제 이집트조차도 매우 드물고(헬리오폴리스인의 이야기를 따르면) 오백 년에 한 번 온다. 옛 피닉스가 죽을 때 그 크기와 외견은 그림처럼 다름이다. 깃털은 부분적으로 레드와 황금빛이고, 일반 치수는 거의 독수리와 같다. 그들은 이 새가 하는 것에 이야기를 알리나, 나에게는 신빙성이 없다. 즉 이것은 아라비아에서 오면서 양친 새와 함께 태양의 성전으로 왔고, 모두

알레고리/도덕

불사조는 그리스도의 죽음과 부활의 알레고리로 자신의 생명을 버리나 다시 되찾는 그리스도이다. 인간을 위해 자발적으로 돌아온 그리스도이다. 아베덴 동물 우화는, 불사조는 또한 정의로운 자의 부활을 상징하며, 그는 미덕의 향기로운 식물을 모으고 죽음 후 예전 에너지의 재생을 준비한다. 다가올 부활의 믿음은 불사조가 그의 재에서 상승함은 기적이 아니다. 새의 성질이 인간에게 부활을 증명함을 보라. 길욤 르 클럭과 피에르 드 보베는 불사조가 죽을 때 나오는 달콤한 향내를 강조한다. 유대인들은 이 기적을 잘못 해석하고 그리스도는 율법을 완성하려고 왔음을 강조한다. 필립 드 타온은 불사조의 두 날개는 구약과 신약이다.

일러스트레이션

불사조는 장작더미를 준비하러 불꽃 위에 앉거나 거기서 일어나는 것이 묘사된다. 여러 마뉴스크립은 모두 세 장면을 보인다. 영국도서관 마뉴스크립에 연속 에피소드로 불사조가 그 더미를 짓고 불태운다. 어떤 마뉴스크립은 불사조가 나뭇가지를 모으고 재에서 일어서는 두 분리된 드로잉이다. 어떤 것은 단지 볏이 있는 새로 아무것도 하지 않는다.

가 물약으로 회반죽을 칠하고 거기서 몸체를 매장했다는 것이다.

(대플리니우스, 1세기) 피닉스는 독수리 크기로 세계에 오직 하나이다. 목 주위에 금이 있고 몸은 퍼플, 꼬리는 블루 컬러며 장밋빛 깃털이 있다. 그 머리에 깃털 달린 볏이 있다. 아무도 피닉스가 먹는 것을 본 적이 없다. 아라비아에서 그것은 태양신에게 신성하다. 540년을 살며, 나이가 들면 야생 계피와 유향에서 둥지를 만들고 그 둥지를 향기로 채우고 죽을 때까지 그 위에 놓는다. 죽은 불사조의 뼈와 골수에서 일종의 구더기가 자란다. 닭 크기만큼 새로 자란다. 이 새는 그의 전임자를 위한 장례를 행하고, 그 후에 판차이마 가까이 태양 도시에 전체 둥지를 옮기고 거기 연단에 자리를 위치한다.

British Library, Royal MS 12 C. xix

메추라기 quail

■ 라틴명 coturnix

메추라기는 무리를 안내하는 이유로 이름이 명명되었다. 그리스인들은 메추라기를 "ortyga"로 불렀는데 그들이 ortygia(델로스)섬에서 처음 발견하였다. 새는 여름 말에 고정된 시간에 바다를 건너 이주한다. 인솔자는 어미 메추라기다. 그러나 다른 새 종류에서 인솔자를 찾는 이유는, 메추라기는 땅에 머물기를 좋아하나, 매에 공격당하기 때문이다. 따라서, 비행에 첫 새가 됨을 피하려 다른 새의 호위를 시도한다. 때때로 메추라기는 선원에게 위험하다. 밤에 해안 근처에서 배 돛에 착륙하여 배를 가라앉게 한다. 날아갈 때 메추라기는 약해져 북풍을 선호한다. 피곤하여 슬픈 울음을 터뜨린다. 바람에 부딪히면, 작은 돌을 집거나 목구멍에 모래를 채워 안정을 취한다. 메추라기는 독이 있는 씨들을 먹어, 인간은 식용을 금지했다. 인간 외에 유일하게 간질을 앓아 질병을 방지하려면 새의 시야에 침을 뱉는다.

알레고리/도덕

메추라기 어미가 땅에 가까워지면서 매에 공격당함은 마귀에 공격받는 기독교도를 대표한다. 인간이 세상의 것에 접근할 때이다.

일러스트레이션

메추라기의 정체는 알 수 없어 보통 브라운 컬러의 새이다.

Bodleian Library, MS. Bodley 764

갈까마귀 raven

■ 라틴명 corvus

갈까마귀는 깍깍 울음소리에서 이름을 가진다. 부모는 새끼에게 먹이 주기를 거절하여 깃털이 블랙으로 될 때까지 새끼를 받아들이지 않는다. 새끼는 깃털을 가지기 전 이슬을 먹는다. 갈까마귀가 시체를 먹을 때 눈들을 쪼아 먹어야 시체의 두뇌에 도착할 수 있다. 작은 마을에는 두 쌍 이상이 없다.

갈까마귀는 가을에 무화과가 익기 전에 갈증으로 60일간 나쁜 건강을 경험한다. 어떤 자는 말하기를, 갈까마귀는 부리를 통해 교접하고 알을 낳는다. 임산부가 그 알을 먹거나 집에 가지고 가면 그녀는 어려운 출생을 겪는다. 아리스토텔레스는 이것이 사실이 아님을 강조하였다. 갈까마귀들은 전달을 이해하는 유일한 새로, 질식하는 것처럼 깍깍 우는 것은 나쁜 징조이다. 티베리우스가 황제였을 때 로마에 항상 갈까마귀가 있었다. 또 다른 갈까마귀는 물 항아리에 돌을 떨어뜨려, 마시기에 충분히 물이 높아짐을 알린다.

알레고리/도덕

갈까마귀가 처음 눈들을 쪼임으로 인간 마음이 공격당하도록 열게 하고, 마귀는 올바르게 판단하는 능력을 첫째 파괴한다. 갈까마귀는 새끼들이 자신의 것으로 인정될 때까지 먹이를 주지 않음과 같이, 교육자는 그의 생도들이 회개로 어둠에 빠질 때 그들을 받아들일 준비가 되었을 때까지, 내적 신비를 말해서는 안 된다.

Bibliothèque Municipale de Reims, ms. 993

사이렌 siren

■ 라틴명 sirena

치명적인 생물로 반은 인간, 반은 새 혹은 물고기이다. 초기 출처는 알리기를, 사이렌은 머리에서 배꼽까지 인간(항상 여성)이며, 허리 아래는 새이다. 후기 출처에 의하면, 사이렌은 허리 아래로 물고기이다. 모습은 인어 같으며 보통 날개를 가진다. 필립 드 타온에 의하면, 사이렌은 새의 발과 물고기 꼬리 둘 다 가진다. 아름다운 노래로 매혹하여 노래에 끌린 항해사들을 잠들게 한다. 그 후, 사이렌은 그들을 공격하여 살을 찢는다. 폭풍일 때 노래하고 날씨가 좋으면 운다.

이름 "siren"은 날개를 가진 뱀에도 사용되었다. 이시도르는 말하기를, 아라비아에서 사이렌으로 불리는 날개 뱀이 있는데 그것에 물림은 고통을 느끼기 전에 죽음으로 이끈다. 이 묘사는 자쿨루스의 것과 배합한 것 같다.[31]

알레고리/도덕

세상 즐거움을 취하는 자는 마귀의 먹잇감이 된다.

---

31 대플리니우스에 의하면, 사이렌이 인도에서 살고 노래로 인간들을 매료시킨 후 그들을 공격한다고 언급하지만, 그의 사이렌의 이야기는 신빙성이 없다. 이시도르는 말하기를, 사이렌은 날개와 발톱이 있다. 왜냐하면, 사랑은 날고 상처를 주기 때문이다. 물결이 금성을 만들기 때문에 그들은 물에 머문다. 상상하기를, 여자 부분과 날개와 발톱을 가진 세 사이렌이 있었다. 한 명은 루트를 연주했고, 한 명은 플루트를 연주했으며, 세 번째는 노래를 불렀다. 그들은 항해 선원들이 난파를 일으키도록 매료했다. 이것은 사실이 아니다 [이시도르는 말한다]. 그들은 실제로 여행자를 빈곤으로 만든 매춘 여성이었다. 이시도르는 사이렌 뱀을 언급하는데, 그것은 매우 강해서 그것에 물리면 고통이 오기 전에 죽음이 뒤따른다.

사이렌 묘사는 다양하고 자주 인어와 함께 혼돈된다. 사이렌은 항상 여성이며 보통 날개를 가지며, 어떤 것은 허리 아래가 물고기이다. 다른 것은 새이다. 어떤 일러스 트레이션은 둘 다 속성을 주어 불확실성을 나타낸다. 사이렌은 물고기 꼬리에 새의 발로 서 있다. 여성 허리에서 합쳐지는 물고기는 컬러 밴드나 벨트로 자주 표시되어, 마치 사이렌이 옷을 입은 것 같다. 어떤 때는, 사이렌은 날개가 있으나 팔이 없으며 그녀 허리 주위에 밴드를 가진다. 사이렌과 **오노켄타우루스**는 자주 함께 나타나는데, 같은 묘사의 예로 영국도서관 마뉴스크립이 있다. 사이렌은 종종 그녀의 열성을 교역에 보이며 여기에 유혹당한 항해사들을 배에서 끌어냈다.

Bibliothèque Nationale de France, fr. 1444b

황새 stork

■ 라틴명 ciconia

황새는 그들이 만드는 소음으로 이름 지어졌는데, 그의 목소리가 아니고 그들 부리의 덜컥거리는 소리로 인해서이다. 황새는 봄의 전령, 뱀의 적, 사회의 동반자이다. 아시아 전역의 바다를 가로질러 군대처럼 뒤따르는 두 마리 까마귀의 안내를 받는다. 계절의 이동 기간에 황새가 어디로 가고 어디에서 왔는지 알지 못한다. 그들은 밤에 도착한다. 떠날 때 모두 일정 장소에 모여 적절한 날짜가 미리 결정된 것처럼 함께 출발한다.

황새들은 그들이 아플 때 약으로 약초 마조람을 사용한다. 어떤 자는 황새가 혀를 가지지 않았다고 말한다. 뱀을 죽이는 데 그들 능력의 가치가 높다. 부모는 새끼를 잘 보살피고 어린 새끼는 늙은 부모를 보살핀다. 황새는 같은 둥지로 돌아가, 계속 번식으로 깃털을 잃어버릴 정도까지 새끼에게 특별 주의를 기울인다. 나중에 부모가 소비한 만큼 그 대가를 자식에게서 보상받는다.

Koninklijke Bibliotheek, KB, KA 16

알레고리/도덕

황새들은 그들의 코를 충돌시켜 소리를 만든다. 물로 치아를 짓누르는 인간들은 고백을 통해 그들의 잘못을 선포한다. 황새가 뱀의 적이므로 정의로운 자는 사악의 생각들인 뱀의 적이어야 한다.

일러스트레이션

황새는 자주 개구리나 뱀을 먹으며 실제 모습으로 묘사되었다.

제비 swallow

■ 라틴명 hirundo

겨울에 제비는 바다를 건너고 봄에 돌아온다. 멀리 가지 않고 산의 맑은 계곡에 이른다. 자주 잡힌 까닭에, 테베의 도시에 들어가지 않는다. 제비는 항상 같은 둥지로 돌아가므로, 이 특성을 전달자로 사용할 수 있다. 신속하고 구불구불한 원에서 날고 쫓기며, 공중에서 먹이를 찾는다. 짚과 진흙으로 둥지를 지으며, 진흙이 부족하면 날개를 물에 적셔 먼지에 뿌린다. 시끄럽고 둥지 짓기와 새끼를 키움에 능숙하다.

제비는 다른 동물 먹이가 아니다. 부모는 공정하게 새끼들에게 먹이를 나누며 둥지를 깨끗이 유지한다. 강 유역의 구멍에 둥지를 만드는 제비 종이 있다. 강물이 차올라 둥지를 위협하면 제비는 며칠 전에 미리 떠난다. 이 종류의 제비 새끼는 재로 태워 목구멍 병의 치료 약을 만든다. 새끼가 눈을 다치면 어미 제비는 그것을 다시 볼 수 있는 의학술을 가진다. 아픈 눈 치료에 약초 셀란디느를 사용한다. 제비는 무너지려는 건물을 미리 알고 그 전에 떠난다.

알레고리/도덕

제비는 땅에서 먹이를 찾지 않고 공중에 남아 거기서 잡는 것을 오직 먹는다. 지상의 것들에 사용하는 자들은 천상의 것들을 찾는다.

British Library, Harley MS 4751

백조 swan

■ 라틴명 olor

사이프러스 하이퍼보레아 지역에서 백조들은 하프 악기 소리에 끌려 조화롭게 노래 부른다. 백조의 긴 목은 그 노래를 더 유쾌하게 한다. 항해 선원들은 백조의 목격을 길조로 간주한다.[32] 백조가 죽기 전에 슬퍼하는 노래를 부른다고 하나 경험상 거짓이라는 설도 있다. 백조는 식인종으로 서로의 육체를 먹는다. 두 종류가 있다. 화이트 깃털로 "olor"로 불리고, 다른 것은 블랙 "cygnus"이다. 이것은 고대인들에게 언급되지 않았다. 블랙 백조는 그것의 노래에서 이름이 유래하는데, 변조된 소리로 노래 부르기 때문이다. 길고 꼬불꼬불 구부러진 목과 목소리로 다양한 음을 방출, 노래는 달콤하다.

Bibliothèque Nationale de France, fr. 1951

---

32 (이솝우화) 한 인간은 목소리로 백조를, 그리고 식탁으로 거위를 지켰다. 거위를 먹고 싶어 그 인간은 거위를 가지려고 어둠 속에 나갔고 그러나 잘못으로 백조를 잡았다. 백조는 곧 죽을 것이라고 생각하고 노래를 시작하여 그 목소리로 알아차렸다. (템플 174) 한 남자는 훌륭한 목소리를 가진 것으로 평판이 좋으므로 백조를 샀다. 어느 날 연회에서 연극을 제공하기 위해 그는 백조에게 노래하도록 촉구했으나 그것은 하지 않았다. 나중에, 백조는 죽어야 하는 것을 알고, 노래하기 시작했다. 그의 주인은 "너에게 노래를 요청한 것은 어리석은 짓이다. 너를 죽이기를 준비했어야 할 것이다. 그러면 너는 노래를 부를 것이다."

거북 비둘기 turtledove

■ 라틴명 turtur

거북 비둘기는 대플리니우스의 저술에서 발견되지 않는다. 다른 텍스트들에서 이것의 속성과 의미는 일정하다. 필립 드 타온에 의하면, 거북 비둘기는 단순, 순결하고 아름답다. 이 새의 충성스러운 사랑은 첫 짝의 죽음 후에는 결코 다른 짝에 눈을 돌리지 않을 만큼 강하다. 오직 한 짝으로 족하다.[33] 즉, 거북 비둘기는 짝이 죽으면 그를 슬퍼하고 다른 짝을 택하지 않고 다시는 푸른 잎 위에 앉지 않는다. 대신, 산꼭대기에 홀로 머무르는 겸손한 새이다. 혹은 사막에 앉아 있으나, 종종 씨앗을 모으려 가난한 자들의 정원이나 노동 벌판에 간다. 겨울 털갈이 때에 속이 빈 나무에 거주한다. 고독을 좋아하고[34] 늑대로부터 새끼를 보호하러 둥지 위에 잎들을 부드럽게 펼친다.

알레고리/도덕

필립 드 타온에 의하면, 거북 비둘기는 신자가 그리스도의 죽음 후에도 충실히 남아 있는 신성한 교회를 상징한다. 그리스도는 수컷이다. 교회는 그리스도의 죽음에 애통하고 결코 그를 떠나지 않는다. 그것은 왜 교회가 구제의 희망(충성의 대가)을 가졌는가의 이유이다. 거북 비둘기는 성모 메리를 역시 의미한다. 아베덴 동물 우

---

33 (길욤 르 클럭) 정중하고 아름답고 많이 사랑하는 다른 새를 말한다. 거북 비둘기이다. 수컷과 암컷은 함께 항상 산이나 사막에 있다. 암컷이 그녀 짝을 잃으면, 더는 그를 위해 슬퍼하지 않을 것이며, 그런 가지나 잎에 앉지 않을 것이다. 세상의 어떤 것도 그녀에게 다른 짝을 데려갈 수 없고 그녀 남편에게 충실히 남는다. 이 새의 충실함을 생각할 때 나는 남자와 여자의 변덕스러움을 궁금해한다. 많은 남편과 아내가 거북 비둘기처럼 사랑하지 않는다. 남자가 그의 아내를 매장할 때에, 그가 두 식사를 하기 전, 그는 자기 팔에 다른 여자가 있기를 원한다. 거북 비둘기는 짝에게 참고 충실히 남는다. 언젠가 그가 돌아올 것을 기대하며.

34 (아우구스티누스) 거북 비둘기는 인간들의 바쁜 대화에서 자신을 은둔시킨다.

화는 거북 비둘기가 둘째 짝을 거절하는 것을 달리 해석한다. "배워라, 당신 여성들, 얼마나 과부 신세의 은혜가 큰가. 그것이 새들마저도 선포되었듯이."

Bibliothèque Nationale de France, fr. 1951

독수리 vulture

■ 라틴명 vultur

독수리는 큰 몸으로 느린 비행을 한 데서 이름이 유래한다. 암컷은 교접 없이 임신한다. 이 새의 수명은 거의 일 세기이며, 시체를 먹으러 군대를 따른다. 전쟁에서 죽을 숫자를 예측하고 천천히 높이 날며 바다와 높은 산들을 거쳐 시체들을 감지한다. 독수리는 삼 일 여행으로 썩은 고기를 냄새 맡을 수 있다. 시체가 발견되면 먼저 눈을 먹고 눈구멍을 통해 뇌를 당긴다.

독수리의 가장 강한 종류는 블랙의 컬러를 지닌 것이다. 아무도 독수리 둥지를 보지 못했고 어떤 자는 독수리가 세계 저편에 둥지를 틀고 있다고 말한다. 이것은 사실이 아니다. 독수리는 매우 높은 암벽 위로 둥지를 짓는다. 알을 낳기 삼 일 전 시체를 발견할 수 있는 곳으로 날아간다.

알레고리/도덕

처녀 메리를 통해 그리스도 출생을 불가능하다고 말하는 인간은 교접 없이 출생하는 독수리의 예를 보아야 한다.

Bibliothèque Municipale de Troyes, MS 177

딱따구리 woodpecker

■ 라틴명 picus

딱따구리의 어떤 종류는 고양이처럼 나무를 똑바로 오르고, 다른 것은 나무에 거꾸로 붙어 있다. 구멍 속에 새끼를 키우는 유일한 새이다. 인간이 딱따구리 구멍에 쐐기를 박아 넣을 때, 이 새는 풀 같은 것으로 그들을 빠져나오게 한다. 쐐기나 못이 딱따구리 둥지의 나무 속으로 박히면, 나무에 새가 앉아 못을 깊이 박아도 쉽게 빠져 나오게 만든다. 어떤 것도 딱따구리의 둥지가 있는 나무에 부착할 수 없다. 이 이유로 딱따구리는 신성하다. 이름 "picus"는 토성(saturn) 의 아들로, 이 새는 점치기에 사용된다.

Bodleian Library, MS. Douce 308

곤충

개미 ant

■ 라틴명 formica

개미 이름은 그것이 낟알을 운반함으로 인해 지어졌다. 겨울에 필요한 양식을 여름에 준비한다. 군대처럼 순서대로 기어가는 강한 생물로 개미는 자신의 크기에 비례하여 엄청난 짐을 운반한다. 노동을 공유하고, 운영 체제를 가지며 기억력이 좋고 부지런하다.

모든 일곱 텍스트는 개미의 기본 속성에 동의한다. 필립 드 타운에 의하면, 개미는 겨울 식량으로 일 년 내내 곡식을 모은다. 수확 시 들판의 낟알에 기어올라 냄새로 밀과 보리를 분별하고 가축 식량의 보리는 거절한다. 겨울 양식이 부족하지 않게 저장 곡식을 반으로 자르는데, 비가 낟알을 적시면 건조해져, 비로 인해 발아를 막으려는 의도이다. 그리고 더 큰 낟알은 적절히 나눈다.

개미는, 보름달에도 일한다. 낟알을 가지지 않는 개미는 그것을 가진 다른 개미에 구걸하거나 빼앗지 않고, 오히려 먹이 출처로 선로를 따라 돌아간다. 이들의 부지런한 여행은 바위를 마모시킨다. 인간 외에, 개미는 죽은 것을 매장하는 유일한 생물이다.

『생리학』과 다른 텍스트들은 에티오피아의 금 파내는 개미들을 언급했는데, 이들 치수는 개와 비슷하다. 이 개미들은 뿔로 모래에서 금을 파며 그것을 훔치려는 어떤 도둑도 죽인다. 도둑은 말 새끼들을 어미 말과 분리해 금을 훔친다. 즉, 짐을 진 어미 말을 개미들이 사는 강 건너로 몰아 보내면, 개미들은 이 짐을, 자기들이 모으는 금의 숨기는 장소로 착각하여 금 모래로 가득 채운다. 어미 말이 헤엄쳐 돌아갈 때 강 반대쪽 개미들은 추적할 수 없다. 헤로도토스는 금 개미가 인도에 있다고 말한다. 인도 다르다 지역에 고양이 컬러의 개미들이 있지만, 이집트의 늑대만 한 크기로 땅 동굴에서 금을 운반한다. 금은 겨울에 파내고, 여름에 인도인들은 개미들이 더위로 동굴에서 쉴 때 그것을 훔친다. 그때조차 개미들은 금을 지키려 맹렬히, 빠른 낙타로 퇴각하는 도둑에게 날아와 찌른다.

알레고리/도덕

공동 이익을 위해 함께 일하는 개미들은 화합하여 일해야 한다는 인간 교훈이다. 낟알의 쪼갬은 성경 해석에서 영혼적과 문자적 의미를 구별, 분리함이다. 말 그대로 해석해서 율법이 인간을 죽이지 않도록 하는 점이다. 어떤 출처는 개미의 율법을 문자적으로 해석해서 굶어 죽은 유대인들과 비교한다. 거절하는 보리는 기독교도들이 없애야 하는 이교를 의미한다.

동물 우화집은 "다섯 명의 현자와 다섯 명의 어리석은 처녀"의 이중 알레고리를 설명한다. 필립 드 타운에 의하면, 밀과 기름은 기독교이고, 저장 곡식과 램프는 영혼, 다섯 처녀는 다섯 감각, 처녀는 순결이다. 개미의 기본 속성과 의미에는 대플리니우스와 제베즈를 제외하고, 모두가 "formicaleun"과 에티오피아 개미 전설을 사용하였다. 상 빅토르와 필립 드 타온은 이단에 반대하는 설교를 위해 개미를 언급하였다.

일러스트레이션

마뉴스크립에 개미의 묘사는 매우 빈곤하다. 반점이나 다리를 가진 콩 같은 모습이다.

Bibliothèque Nationale de France, lat. 14429

벌 bee

■ 라틴명 apes

벌은 모든 곤충에서 인간을 위해 창조, 암소 혹은 도살된 송아지의 부패하는 살에서 태어난다. 벌은 발을 가지고 태어나지 않아(나중에 발과 날개가 자람) 그 이름이 명명되었다. 일정한 장소에 살며 훌륭한 기술로 집을 짓고 다양한 꽃에서 꿀을 모으고, 많은 새끼로 집을 채우며 부지런히 일한다. 벌은 공동체로써 그들 중 가장 고귀한 벌을 왕으로 선택한다. 선택 후에 분열을 피하려 다른 후보들을 죽인다. 왕은 다른 벌보다 두 배나 크며 빛나는 컬러에 이마에 흰 반점이 있다. 일반 벌은 왕에 순종하고 보호한다. 전쟁하거나 꿀을 만드는 법칙은 관습을 따르고 왕은 억지로 벌들에게 강요치 않는다. 군대를 가져, 법칙을 파괴하는 벌은 쏘아 처형한다.

벌들은 연기를 두려워하고 소음에 흥분된다. 각각 의무를 져, 양식 공급을 지키기, 비를 바라보기, 꿀을 만들기 위해 이슬 모으기, 꽃들로 왁스를 만듦이다. 다양한 식물에서 모은 재료로 벌집을 만드는데, 일단 가까운 꽃에서 꿀을 모으고, 그 후 멀리 있는 목초지로 정찰병들을 보낸다. 그들이 해 질 무렵 돌아올 수 없으면, 날개를 이슬에서 보호하려 등을 대고 눕는다. 입구에 경비병을 두고 새벽까지 잔 후, 날씨가 좋으면 그들 중 하나한테 깨워져 모두 함께 날아간다. 벌들은 바람과 비를 예측할 수 있어 언제 외출하지 않아야 함을 안다. 어린 벌들은 꿀 수집으로 일하고 늙은 벌들은 벌집에서 일한다.

꿀은 공기에서 생산된다. 높이 떨어지면서 먼지를 쌓고 지구 증기로 얼룩진다. 벌들은 그것을 수집하고 벌집에서 발효시키면 정화된다. 지나친 연기가 벌들을 죽이지만, 연기는 꿀을 모으는 데 벌을

몰아낸다. 청동 소리 같다. 죽은 벌은 진흙과 소로 덮어두면 다시
살릴 수 있다. 추운 겨울 동안 벌들은 은퇴한다.

Bibliothèque Municipale de Reims, ms. 993

전갈 scorpion

▌라틴명 scorpius[35]

이시도르에 의하면 전갈은 뱀이 아니고 벌레로 적합하다. 죽은 게
에서 생기는 땅 벌레이다. 침으로 무장하고, 꼬리로 공격하여 상처
에 독을 쏟아부어, 이것에 찔린 인간은 공수병을 앓는다. 전갈은 손
바닥을 공습하지 않는다. 열 마리 게를 바질과 묶으면, 그 지역의
모든 전갈이 모인다.

대플리니우스에 의하면, 전갈은 아프리카의 전염병과 저주이다. 그
꼬리는 항상 움직이며 공격할 준비가 된 침이 있다. 침은 소녀에게
아주 치명적이며 여자는 그다음이다. 독이 가장 강한 아침에 전갈
이 찌르면 남자도 마찬가지이다. 희생자는 사흘 후 사망한다. 전갈
의 재를 포도주에 섞어 만든 음료는 그 침을 치료한다. 남풍은 전갈
에 비행의 힘을 주어 노처럼 팔을 뻗는다.

British Library, Sloane MS 1975

---

35 (오비드) 땅 게의 움푹 들어간 발톱을 제거하고 그 나머지를 흙 아래에 두면, 구부러지고 위협
적인 꼬리를 가진 전갈이 매장한 부분에서 나타난다.

거미 spider

■ 라틴명 aranea

거미는 자궁에서 긴 실을 생산하고 일하는 것을 멈추지 않고 집을 짓는다. 짜는 기술로 만든 거미줄은 강하고 바람에 부서지지 않는다. 예보는 거미에 의해 이루어진다. 거미가 많은 거미줄을 짤 때 비가 올 것이고, 강이 상승함은 거미줄을 더 높이 올릴 때이다. 암컷은 거미줄을 엮고 수컷은 사냥하여 노동을 공정히 나눈다. 공기에서 영양분을 택한 공기 벌레로, 거미(혹은 뱀)가 단식하는 인간의 타액을 맛보면 그것은 죽는다.

알레고리/도덕

거미는 자주 묘사되지 않는다. 어떤 마뉴스크립에서 여섯 다리를 가진 거미가 집을 짓고 있다. 거미 몸체 한끝은 인간 모습이다. 거미가 만들고 있는 거미집도 보인다.

Koninklijke Bibliotheek, KB, KA 16

물고기

돌고래 dolphin

■ 라틴명 delphinus

돌고래는 바다와 육지에 사는 동물 중 가장 빠르다. 물 깊이 물고기를 추적하고 등으로 오랫동안 숨 쉰 후 물 표면에 솟는다. 종종 배 돛을 타고 주위에서 놀며, 경주하려 배를 뛰어넘는다. 강한 파도 속에서 껑충 뜀은 폭풍우를 예고한다. 보통 쌍으로 다니며 목소리는 인간 신음 같다.

어쨌든, 돌고래는 인간에게 친절하다. 함께 노래하여 그 이름을 가진다. 주둥이가 위로 향하고 들창코에, 조화로운 수성 악기 음악에 매료된다. 나일강 돌고래는 톱니 모양의 등을 가져 악어 배의 부드러운 부분을 절단할 수 있다. 돌고래가 나일강에 들어서면, 강을 자신의 소유로 간주하는 악어한테 몰린다. 악어는 돌고래보다 훨씬 강하므로 돌고래는 전략을 이용하여 악어의 아래로 잠수, 날카로운 지느러미로 악어 배를 자른다.

Kongelige Bibliotek, Gl. kgl. S. 1633 4º

에체네스 echeneis

■ 라틴명 echeneis

에체네스는 흔히 암석 위에서 발견되는 작은 물고기이다. 이것은 배에 달라붙어 배가 빨리 달리는 것을 보류하여 그 이름을 얻었다. 약 6인치 길이이지만, 배에 부착할 때 배는 움직일 수 없고 폭풍과 강풍에도 배는 바다에 뿌리박은 것 같다. 물고기는 "지연"의 뜻으로, 배가 여전히 움직이지 않기 때문이다. 인도양에서 발견된다. 또한, 이 물고기는 임산부의 자궁 유출을 막고 적절한 시간까지 출산을 연기할 수 있다. 식용이 금지된다.

어떤 자는 물고기가 발을 가졌다고 하나, 아리스토텔레스는 그렇지 않다. 물고기 사지는 날개와 비슷하다.

Koninklijke Bibliotheek, KB, KA 16

인어 mermaid

▓ 라틴명 serra

머리에서 허리까지 여성이며 아래는 물고기이다. 자신의 이미지를
숭배하는 헛됨을 의미한다. 수컷 인어도 있으며, 자주 사이렌과 혼
동하는데 여러 같은 속성을 공유한다. 필립 드 타온에 의하면, 인어
는 바다에 살고 나쁜 날씨에 노래 부르고 좋은 날씨에 슬퍼한다. 노
래를 듣는 항해사들을 잠들게 유혹하며, 그들의 배를 잊도록 한다.

알레고리/도덕

인어의 도덕 해석은 여러 텍스트에 일관성이 있으나, 제베즈를 제외한다. 필립 드
타온에 의하면, 인어의 상징은 부유함, 바다는 세상, 배는 인간이다. 항해사는 신체
를 인도해야 하는 영혼이다.

일러스트레이션

보통 거울과 머리빗을 쥔 이미지로 표현되고, 자만과 사치의 상징이다. 어떤 묘사에서
인어는 물고기를 대신 쥔다. 인어와 사이렌은 자주 유사하게 그려졌다. 그들을 결정하
는 유일한 방법은 표제나 동행한 텍스트와 그 의도에서 파악한다.

Bodleian Library, MS. Bodley 533

163

톱상어 sawfish

■ 라틴명 serra

굉장한 날개들을 가진 날아가는 바다 괴물이다. 지나가는 배를 보면 톱상어들은 날개들을 일으켜 배를 대항하여 경주한다. 또 배로부터 바람을 눌러놓는다. 그러나 먼 거리를 헤엄친 후에 피곤하여 물고기를 먹으려 물속으로 잠수한다. 톱상어는 배 아래 헤엄치며 배를 침몰시키는데, 톱니 모양의 볏으로 배를 자른다.[36]

톱상어에 관한 텍스트는 대플리니우스에서 제외되며, 다른 텍스트에 통합이 있다. 상 빅토르, 이시도르, 필립 드 타온과 피에르 드 보베에 의하면, 톱상어는 바람 앞에 날아 배를 가라앉힌다. 제베즈와 길욤 드 피에르는 설명하기를, 날개를 펼쳐 배 같은 모습으로 자신을 바꾸어 배를 공격한다. 필립 드 타온을 제외하고 모든 텍스트는 톱상어가 바다로 다시 떨어짐은 힘이 모자란 탓이다. 필립 드 타온은 톱상어가 바다로 돌아옴에 동의하나, 물고기를 잡으려는 더 자발적 행동이다. 이 설명은 톱상어의 상징을 향상한다.

알레고리/도덕

톱상어는 좋은 의도로서 정의로운 길을 시작하고 즉시 피곤해서 다시 죄로 돌아가고 지옥으로 운송되는 인간들이다. 성령을 인간으로부터 눌러놓은 마귀는 배 항해로부터 바람을 눌러놓는 톱상어 같다. 영국도서관 슬로안 마뉴스크립은 설명하기를, "동물은 이 세상의 상징이다. 배는 폭풍의 와중에서 세상 유혹을 믿음으로 위험 없이 파산하지 않는 정의로운 인간들이다. 그러나 톱상어는 배 항해에 유용치 않은 동물로, 일단 선행에 열심히 종사하나 그 후 인내하지 않고 여러 잘못으로 길을 헤매는 인간들이다. 바다 물결에 엎치락뒤치락하면서 지옥 깊이로 뛰어내리는 자들이다. 시작만 하는 자들이 아니고 그것을 인내하는 자에게 보상이 약속된다."

---

36 (방상 드 보베) 배 밑에 숨어 있는 톱상어는 바닥을 잘라, 물이 들어오면 교묘한 장치로 선원들을 익사시키고 그들 시체를 먹는다.

배에 탄 항해사들은 세계의 인간들이고, 바람은 성령이다. 마귀는 성령이 인간들에게 도달하는 데 방해하여, 그들을 견고한 하나님에게서 눈을 돌리게 한다. 마귀는 인간들이 힘없음을 알게 될 때 바다로 잠수한다. 즉 세계로 잠수하고, 거기서 죄인을 낚는다. 상 빅토르는 특수한 의미를 부여한다. 톱상어는 하나님의 법에서 시작하고 옆으로 떨어지며 탐욕과 악으로 빠지는 인간들이다. 그들은 지옥으로 데리고 갈 바다의 파도들로 익사한다. 바다는 세상, 배는 어려움이나 파산 없이 세계의 폭풍을 항해하는 선한 인간들이다. 바다 파도들은 이 세상의 적대적 힘들이다. 필립 드 타온은 톱상어를 마귀로 해석한다.

일러스트레이션

톱상어는 보통 큰 날개를 가진 용 같은 괴물로 배와 경주하거나 물고기를 잡기 위해 바다로 잠수한다. 때때로 둘 다 보인다. 어떤 마뉴스크립에서 두 톱상어가 있는데 하나는 물고기를 잡으러 바다로 잠수하고, 다른 것은 경고받은 항해사들로 가득 찬 배로부터 바람을 차단하려 바다에서 떠오른다. 다른 마뉴스크립은 크고 레드 컬러의 날개들을 가진 보통 물고기이며 배 모습이 없다.

Kongelige Bibliotek, Gl. kgl. S. 3466 8°

황새치 swordfish

■ 라틴명 gladius

뾰족한 부리를 가진 물고기로 배를 관통하고 침몰한다.

Koninklijke Bibliotheek, KB, KA 16

뱀

암피스베나 amphisbaena

■ 라틴명 amphisbaena

암피스베나는 쌍둥이 머리로 독이 입에서만 쏟아져 나옴이 충분치 않은 것처럼 꼬리 끝에도 있다. 원으로 머리를 움직이며 눈들은 램 프처럼 빛난다. 뱀 중에 오직 추위에 나갈 수 있다.

일러스트레이션

자주색, 날개, 두 발, 머리에 뿔을 가진다.

Bibliothèque Nationale de France, fr. 1444b

이집트 코브라 asp

■ 라틴명 aspis

코브라는 물었을 때 독으로 죽여, 그리스어 독의 단어를 가진다. 이 것의 찌름으로 목이 부어오를 때, 유일한 치료법은 물린 부분을 즉 시 절단함이다. 코브라는 모든 동물 우화 텍스트에서 발견, 재현 방 식은 다르지만, 속성의 묘사는 유사하다. 필립 드 타온에 의하면, 코브라는 자신을 음악으로 유혹하는 자를 볼 때, 그 마법을 피하려 자신의 귀들을 어떻게 막는가를 안다. 한 귀는 땅바닥에 누르고 다 른 귀는 꼬리로 막는다.[37] 어떤 버전에, 코브라는 발삼 향유 나무를 지키며, 향유를 얻으려 마법사는 코브라에 먼저 음악을 틀거나 노 래하여 잠자게 한다. 다른 버전은 코브라가 그 머리에 카분클 돌을 가져, 마법사가 어떤 단어를 말하면서 이 보석 돌을 얻기 위해 코브 라에 최면을 건다.

여러 종류 코브라가 있다. 딥사스는 라틴어로 불리는 코브라 일종 으로, 물린 인간은 갈증으로 죽는다. 히프날리스는 잠자는 동안 죽 인다. 헤르모르호심에 물린 인간은 출혈한다. 프리스터는 항상 찌 는 듯한 입을 벌리며, 문 후 부패로 팽창한다.

알레고리/도덕

코브라의 상징 의미는 제베즈를 제외하고, 모든 텍스트에 일정하다. 인간의 세속적 부유함을 의미한다. 한 귀로 지상의 욕망을 누르고 다른 귀는 죄로 막혀 있다. 필립 드 타온과 상 빅토르는 코브라 속성 부분에 각각 의미를 부여하는데, 상 빅토르는

---

37 곧 술사가 아무리 공교한 방술을 행할지라도 그 소리를 듣지 아니하는 독사로다. (시편 58:5)

That will not heed the tune of the charmer, however skillful the enchanter may be. (Psalms 58:5)

주장하기를, 코브라는 부자이고, 땅은 욕망이다. 꼬리는 새로운 것이 더해진 옛 죄들이다. 귀들은 하나님의 말씀을 듣지 않는 마음이다.

일러스트레이션

마법사가 두루마리를 읽고, 뱀은 그의 발에서 귀를 막는다. 발삼 향유 나무를 보호하는 코브라도 종종 나타난다.

Kongelige Bibliotek, Gl. kgl. S. 1633 4°

바실리스크 basilisk

▌ 라틴명 regulus

바실리스크는 등지느러미 도마뱀으로 볏을 가지며 종종 뱀 꼬리가 달린 수탉으로 묘사된다. 뱀들의 왕으로 그리스어 바실리스쿠스의 "작은 왕"에서 유래, 다른 뱀과 달리 쉿 소리를 내고, 몸체의 중간을 높이 올리며 앞으로 이동한다.

바실리스크의 접촉이나 호흡은 잔디를 태우고 덤불을 죽이고 바위를 파열시킨다 그 냄새로 다른 뱀은 물론, 그 화염은 새와 그것을 보는 인간을 죽인다. 그것에 물리면 광란과 공수병을 만든다. 말 탄 인간이 바실리스크를 창으로 찌를 때, 치명적 독은 창을 통해 인간과 말을 죽인다. 길이는 12인치 정도, 머리에 흰색 표시가 있다. 바실리스크가 수탉 알에서 부화됨은 희귀하다.

족제비만이 그것을 죽일 수 있는데, 바실리스크를 족제비가 사는 구멍에 집어넣으면, 그것은 족제비를 죽이는 동시에 족제비 악취는 바실리스크를 죽인다. 쉿 하는 소리로 죽일 수 있다.

Bodleian Library, MS. Bodley 764

왕뱀 boa

라틴명 boas

왕뱀은 이태리에서 발견되는 굉장한 뱀이다. 어린이 전체를 삼킬 수 있으며, 가축을 먹으나 삼키지 않는다. 가축과 소의 들림을 추구하고, 그들 젖통에 붙어 우유를 빨아 죽인다. 왕뱀은 소를 죽임으로써 그 이름이 명명되었다.

Kongelige Bibliotek, Gl. kgl. S. 1633 4º

딥사 dipsa

▮ 라틴명 dipsas

딥사는 희귀한 뱀으로 너무 작아 그것을 밟기 전 보이지 않으며, 유독으로 그의 물림을 느끼기 전에 죽는다. 딥사는 라틴어로 "siitula"로 불리는 일종의 이집트 코브라이며, 그것에 물린 것은 갈증으로 죽기 때문이다.

Bibliothèque Nationale de France, lat. 3630

용 dragon

■ 라틴명 draco

용의 어휘는 고대 그리스어 "drakon"에서 유래한다. 대플리니우스는 코끼리와 뱀의 싸움에 용을 뱀 형태로 간주한다. 용의 신체 묘사에 이시도르와 상 빅토르는 동의하기를, 용은 모든 뱀 중에서 가장 크고, 주위에 놋쇠 소리를 내면서 굴속에서 기어나올 때, 공기를 방해한다. 구멍에서 공기를 끌어낼 때 그것은 공기를 자극하여 빛나게 한다. 볏, 작은 입과 좁은 목을 가지며, 독이 없어 물림으로써 해를 입지 않는다.

용은 인도와 에티오피아의 찌는 열기에서 산다. 인도는 가장 큰 코끼리와 이것과 영원히 싸우는 가장 큰 용을 생산한다. 지상의 모든 뱀 중에 최대인 용의 힘은 꼬리이지 이빨이 아니다. 매질 같은 그 꼬리는 큰 피해를 가져오며, 꼬리 코일에 잡히면 어떤 것도 죽는다. 따라서 용은 코끼리들이 움직이는 길 가까이에 숨어 나무 위에서 뛰어내린다. 코끼리가 코일에서 벗어날 수 없으면 용을 죽이기 위해 자신을 문지를 나무나 암석을 찾는다. 용은 이것을 막고, 코끼리 다리를 묶고, 콧구멍 및 부드러운 부분, 특히 눈으로 날아가, 꼬리로 질식시켜 죽인다.

이 원한으로 코끼리의 피는 매우 차갑다. 여름 더위에 용과 싸워야 하기 때문이다. 코끼리가 물을 마시러 올 때, 용은 강물에 숨긴 코일로 코끼리 목을 감싸고 귀 뒤쪽에 이빨로 고정한다. 코끼리 몸통(trunk)은 보호할 수 없는 유일한 곳으로, 고갈된 코끼리는 지쳐 떨어진다. 먼지에 질식한 용도 그 아래에서 쓰러지며 운명을 같이한다. 코끼리는 용의 두려움으로 물에서 새끼를 낳는다.

용은 페레덱시온 나무를 두려워하여 그 그림자 바깥에 머무르는데 그림자는 그를 해치기 때문이다. 비둘기는 이 나무에서 용으로부터 안전하다. 용은 팬더가 숨 쉬는 달콤한 냄새를 참을 수 없어 팬더가 으르렁거릴 때 구멍에 숨는다.

알레고리/도덕

도덕 해석은 일곱 동물 우화 텍스트에 거의 일정하다. 마귀는 모든 뱀 중 가장 나쁜 용과 유사하며, 인간이 그리스도에 근접함을 참을 수 없다. 상세함에 다소 차이가 있지만, 상 빅토르에 의하면, 용이 공기를 반짝이게 함으로, 마귀는 어리석은 자를 속이려 빛의 천사로 나타난다. 골드의 의미는 본래 용은 천사였으나, 거짓된 영광과 인간의 기쁨에 대한 희망으로 어리석은 자를 속인다. 볏은 자만감으로 왕관을 쓴 마귀며, 이빨이 아니고 혀에 독을 가짐은 그의 말들로 속인다. 용이 코끼리를 공격하는 방법은 마귀가 인간을 공격하는 방법을 표시, 천국에 인간의 길을 따라 기다림을 거짓말하고 코일로 인간을 둘러싸고 죄로 질식시킨다. 질식의 죽음은 인간이 죄의 사슬로 지옥에 간다. 코끼리를 따름은 위대한 인간을 따름이다.

일러스트레이션

용의 묘사에 상당한 변화가 있으나 보통 2발과 4발, 긴 꼬리, 한 쌍의 날개이다. 불 뿜는 용은 매우 드물다. 영국도서관 Harley MS 3244에서 용은 불을 내뿜는다. 일반적으로, 용이 코끼리를 공격하거나, 암컷 코끼리가 새끼를 낳는 것을 위협하는 장면이다. 페레덱시온 나무 해안에 있는 모습이거나 팬더에서 숨으려는 것도 보인다.

Bibliothèque Nationale de France, fr. 1444b

하이드루스 hydrus

■ 라틴명 hydrus

모든 일곱 텍스트에 하이드루스의 묘사는 일정하다. 상 빅토르에 의하면, 하이드루스는 나일강에 사는 물뱀으로, 그 자체 물의 언급으로 이름이 명명되었다. 왕뱀처럼 물리면 한 번에 부어오른다. 악어를 적으로 싫어하여, 해안에서 자는 악어를 보면, 자체를 진흙으로 돌돌 말아 쉽게 악어 목구멍으로 빠져들어 간다. 하이드루스는 배 안에서 악어를 찢고 기어 나온다.

알레고리/도덕

악어는 지옥, 하이드루스는 투옥된 영혼들을 구하기 위해 지옥으로 내려가는 그리스도이다.

일러스트레이션

항상 꼬리가 악어 입에서 튀어나오고 머리가 악어 옆에서 나오는 것으로 묘사되었다. 아이슬란드 "생리학"은 하이드루스가 새의 모습으로 악어와 묘사하였다. 몇 마뉴스크립은 하이드루스가 뱀으로 보이는데 영국도서관 Harley MS 3244에 인간 옆에 헤엄치는 물뱀이다.

British Library, Royal MS 12 C. xix

도마뱀 lizard

▧ 라틴명 saura

도마뱀은 팔이 있어 그렇게 불린다. 나이가 들어감에 따라 눈이 멀면 치료제로 동쪽으로 향하는 벽의 열림으로 가서 해 뜨는 태양을 보고 빛을 받는다.

Kongelige Bibliotek, Gl. kgl. S. 1633 4º

불도마뱀 salamander

■ 라틴명 salamandra

불도마뱀은 대플리니우스와 제베즈의 저술에 언급되지 않는다. 다른 텍스트들은 동물 취급에 거의 동의한다. 도마뱀과 같은 모양이나 반점으로 덮여 있다. 『생리학』에 의하면, 불도마뱀은 차가운 동물로 불에 떨어지면 불타지 않고 오히려 뜨거운 불꽃을 소멸시킨다. 뜨거운 물에 들어가 물을 차갑게 한 불도마뱀 가죽에서 재료를 얻는데, 이것은 인도 사막에서 만들어진 석면이다.

불도마뱀이 악을 가진 동물 중에 힘이 가장 큰 이유는 한 번에 많은 동물을 죽이기 때문이다. 나무에 기어 올라가면 모든 과일을 독으로 만들어 과일을 먹는 인간은 죽는다. 우물에 떨어지면 물을 독으로 만든다. 입에서 나오는 유백색 액체가 인체에 닿으면 모발이 떨어져 나가고 피부는 발색을 바꾸어 발진한다. 불도마뱀은 비가 올 때만 나타나고 맑은 날에는 사라진다.

알레고리/도덕

필립 드 타온은 성경 다니엘 3장을 인용한다. 불타지 않는다는 믿음만으로 맹렬한 용광로에서 고문을 견디었다. 불도마뱀은 다니엘이 불타는 용광로에서 상처받지 않고 나타나듯이 불에 버틸 수 있는 정의로운 자를 대표한다.

일러스트레이션

불도마뱀은 보통 불 속이나 불을 통해 움직이는 도마뱀으로 묘사되었다. 독의 효과도 가해진다. 한 마뉴스크립은 불도마뱀이 불에서 꼬리를 가지고, 혹은 사과나무를 독이 들게 한다. 사과를 쥐고 죽어가는 인간이 땅 아래 누워 있다. 다른 마뉴스크립에서 불도마뱀이 사과나무를 나선형으로 기어 올라가면서, 뱀은 그 입에 사과를 문다. 이것은 이브가 유혹하는 몇 마뉴스크립과 비슷하다. 사과를 쥔 인간이 나무 가까이 있으며 한 손을 그의 머리에 대고 아파 보인다.

Kongelige Bibliotek, Gl. kgl. S. 1633 4º

뱀 snake

■ 라틴명 serpens

모든 뱀은 구불구불하여 그 이름이 유래, 밝혀도 움직이지 않고 비늘의 조그만 움직임으로 숨겨진 채 기어감으로 그렇게 불린다. 여러 컬러의 표식을 가지나, 모두 치명적 독을 가진다. 일반적으로, 교접한 쌍으로 행동하며 쌍 중의 하나가 죽으면 상대방은 살인자에 큰 복수를 한다. 심지어 군중 속에서도 그를 찾아내고, 먼 거리를 여행하며 모든 장애물을 극복한다. 오직 강에서만 멈춘다. 많은 독, 죽음, 비통함이 여러 종류의 뱀 숫자처럼 세상에 존재한다.

뱀은 본질적으로 차갑고 더울 때까지 물지 않아, 낮은 밤보다 더 위험하다. 독에 맞은 인간은 감기처럼 감각이 없지만, 독이 뜨거워지면 정맥을 통해 즉시 인간을 죽인다. 뱀은 예리한 감각을 지닌다. 창세기(3:1)에서 "여호와 하나님의 지으신 들동물 중에 뱀이 가장 간교하더라."[38] 뱀은 공격당하면 그 머리를 보호한다.

어떤 이론에 따르면, 뱀은 죽은 인간 등뼈에서 창조되었다. 인간의 죽음이 뱀에 의해 발생하는 반면, 뱀은 인간 죽음으로 만들어진다. 뱀은 옷 입은 인간을 공격하고 나체에 도망간다. 뱀의 몸은 젖어 그가 다니는 길은 습기로 표시된다. 시력이 좋지 않고 눈들이 머리 쪽으로 치우쳐 소리에 더 빨리 흥분한다. 시력이 흐려지면 회향 식물을 문질러 눈을 되찾는다. 젊음을 갱신하려 뱀은 좁은 틈새를 기어가며 옛 가죽을 떨어지게 한다. 물을 마시러 강에 갈 때 구멍 속에

---

38 Now the serpent was craftier than any of the wild animals the LORD God had made.

(Genesis 3:1)

독액을 뱉고 그것을 되찾는다. 금식자의 침을 맛본 뱀은 죽는다.
뱀은 수사슴과 황새의 적이다. 불태운 수사슴 뿔의 연기는 뱀에 치
명적이다. 맵시벌과 죽음으로 싸운다. 뱀이 독수리와 싸워 알을 가
지려 하면, 자신을 독수리 날개 주위에 감싸, 알이 떨어지게 한다.
뱀은 교접할 때 서로 꼬여 두 머리를 가진 동물처럼 보인다.

알레고리/도덕

옛 가죽을 틈을 통해 갱신하는 뱀은, 인간은 그리스도를 통해 옛것을 떨어지게 한
다(구원). 뱀이 독액을 내뱉는 것은 교회에 참석하기 전 인간은 모든 악한 욕망을
없애야 한다. 나체 인간에게서 도망가는 뱀은 마귀가 그의 사악한 길을 던져버리는
인간게에서 도망가며 세속적 일에 여전히 옷 입은 인간을 공격함을 의미한다. 나체
에 도망가는 뱀의 아이디어는 성경 창세기의 이야기를 암시한다. 아담과 이브가 죄
지은 후 그들은 나체임을 알고 옷을 입었다. 나체 인간은 인류의 순수 상태로 죄악
전이며, 옷 입은 인간은 죄에 종속된 인류의 타락한 상태이다.

일러스트레이션

뱀의 세 가지 성질 중 하나가 보통 묘사되었다. 가죽을 떨어버리는 뱀이다. 뱀과 나체
인간 장면도 종종 재현된다. 뱀 모양은 다양하며, 때때로 다리와 귀를 가진다. 영국도
서관 마뉴스크립에서 뱀과 그의 적인 수사슴을 혼동한 것 같다. 수사슴이 나체 인간을
피하고 옷 입은 인간을 공격한다.

Bibliothèque Nationale de France, lat. 3630

독사 viper

■ 라틴명 vipera

독사는 강제로 태어났기 때문에 그렇게 이름이 불린다. 교접에서 수컷은 자신의 머리를 암컷의 입에 넣고 정액을 내뱉어, 흥분한 암 컷은 수컷 머리를 물어뜯는다. 암컷은 부화할 때까지 알을 가지며, 낳을 때 하루에 한 마리의 새끼이다. 최대 20새끼를 낳을 수 있는 데, 채 태어나지 않은 새끼들은 자연적 출산에 참지 못해 어미 배 옆을 파열시켜 죽인다.[39] 결국 교미하는 수컷과 출산하는 암컷은 죽 임을 당한다.

알레고리/도덕

아베덴 동물 우화집은 수컷 독사가 부부 권리에 긴 설교를 하는 동안, 암컷이 다른 것과 교접하는 이야기다. 설교는 여성들을 향하여, 그들 남성에게 행동으로 참으라 고 권고한다.

일러스트레이션

이미지는 항상 독사의 재생 방법을 보인다. 오직 교접이 묘사된 이미지에, 암컷은 수 컷의 전 머리를 그녀 입에 물고 있다. 출산 시 어린 새끼 머리들이 어미 배 옆에 나온 다. 어떤 마뉴스크립은 둘 다 이미지가 보인다. 모습은 다양하여 부드러운 털에 두 다 리, 긴 귀를 가진 생물에서 동물처럼 날개를 가진 용처럼 보인다.

---

39 (헤로도토스) 수컷과 암컷이 함께하여, 임신 순간에 암컷이 수컷을 목으로 완전히 물어 수컷은 떠날 수 없고 죽는다. 잠시 후 그는 새끼로 암컷을 복수하는데, 즉 새끼는 자궁을 통해 통로를 물으면서, 배를 통해 세상에 나타나기 때문이다.

(생리학) 수컷 독사는 인간과 닮았고, 암컷은 허리까지 여성과 닮았고 아래는 악어 꼬리이다. 그래서 암컷은 입을 통해 임신해야 하며, 또 새끼가 그녀의 옆을 통해 나오는 이유이다.

Museum Meermanno, MMW, 10 B 25

로마네스크 이코노그라피와
동물 우화

FOUR

로마네스크 건축 조각의 목적 중 하나는 상세한 이코노그라피 프로그램을 통해 성경 이야기와 그 상징을 전달함이다. 이 프로그램은 문맹 대중의 대다수를 대상으로, 이코노그라피를 사용하여 성경을 알고 인정된 선한 행동을 다른 나쁜 행동과 구별함이다. 조각 내용에 원죄나 인간 창조 같은 구약 장면들이 표현되었지만, 신약에 관한 이야기 묘사가 더 빈번하다.

그러나 이러한 성경 에피소드를 묘사하는 상징 장면들에 더하여, 로마네스크는 그 자체 의미가 있고 각각 실제와 환상 동물들의 모습을 보여 동물 우화집은 이런 면에 크게 이바지하였다. 예로, 기사들의 사냥 장면은 로마네스크 상징에서 잘 알려진 모티프이다.

일곱 모티프 타입이 나타났다:

1. 로마네스크 동물 우화집
2. 일상생활 표현
3. 과도적 이미지
4. 구약과 신약의 에피소드
5. 구원을 얻기 위한 행동 모델

1. 로마네스크 동물 우화집

로마네스크는 그리스, 로마, 페르시아 및 비잔틴 동물 우화들을 적절히 하여 이들의 이교도적 미학에서 나타나는 현실과 상상력을 희생시키고, 대신 미덕이나 타락 목적의 종교 지참자로 바꾸었다. 교회와 승원 기둥머리 혹은 벽 돌출부에 나타난 동물들은 교훈적이고 모험적 목적을 위한다. 로마네스크는 편애를 가진 특정 동물을 선으로 명시하고 그 외의 것들은 악과 마귀의 형태로 사용했다.

실제 동물

선을 대표하려 사용된 실제 동물 중에는 자주 영혼과 관련된 새들이 주 모티프가 되었다. 그들은 천상을 찾아 지상을 떠나기 때문이다. 많은 경우 새들은 하늘을 향한 비행을 시작으로 재현된다. 그들의 힘이나 고귀함으로 사자와 독수리는 보통 그리스도 자신을 포함한 긍정 가치를 내포한다. 따라서 승원의 보호자로, 낡은 창문들의 기둥머리나 문에서 사자와 독수리를 발견함은 예사이다. 특별한 새의 경우는 황새로, 이 새는 일부일처, 뱀을 먹는 것 외에 좋은 전조의 조류이다.

종종 마귀와 관련된 동물 중 원숭이가 인간의 기괴한 풍자로, 또 죄의 마귀로 뱀이 나타난다. 번식에 그들 욕망과 연관된 토끼, 더럽고 게으른 멧돼지, 그리고 음탕한 염소이다.

환상 동물

로마네스크 건축에 사용된 환상 동물 우화는 중세인을 두렵게 하는 데 큰 영향을 끼치고 관심을 끄는 모티프이다. 동물들은 여러 동물의 배합으로 일반적으로 치열하고 때로는 흉포하여 무방비 상태의 인간들에 대한 투쟁이나 공격을 통해 죄를 거절하려는 목적이었다.

환상 동물도 일부는 선을 대표하는데, 이들은 교회 포털과 창문에 배치하여 보호자 역할을 한다. 고귀한 동물 그리펀이나, 흉하게 생긴 환상 동물이 훨씬 더 많다. 용은 하나님과 인간의 적으로, 로마네스크의 용은 큰 눈, 뾰족한 귀와 길쭉한 턱에 송곳니 같은 머리를 가진다. 꼬리는 뱀이고 종종 새 다리 대신에 발굽이 있다.

다른 흉한 동물들은 하르피(새의 몸, 보통 여성 흉상과 수시로 뱀 꼬리) 및 인어로 둘 다 육체적 쾌락에 유혹과 함정을 대표한다. 바실리스크는 지옥에서 저주받은 인간들의 영혼을 운반함에 책임이 있다. 켄타우루스는 잔인함과 정욕을 상징하며 흔히 활과 화살을 사이렌에게 발사하며 함께 묘사된다.

2. 일상생활 표현

철저한 종교 모티프에 더하여 로마네스크 이코노그라피는 그것이 진화하면서 관습이나 일화적 타입과 병합하며 유럽의 주요 순례 길들을 떠나 시골 지역에서 설명되며 뿌리를 박게 되었다. 시골 교회의 벽 돌출부는 일상생활에 다소 공통 특징을 포함하면서 사회생활이나 시간 풍습, 예로 사냥, 파티, 연회 등등을 대표하는 조각으로 장식하였다.

3. 과도적 이미지

일상생활의 재현은 교회 장식에 에로틱 주제가 명백히 등장하면서 극단을 이루었다. 칸타브리아의 체르바토스 대학(Cervatos Collegiate) 교회는 에로틱한 로마네스크 양식으로 유명하며 그 분산은 스페인 로마네스크에 완벽하다.

4. 구약과 신약의 에피소드

로마네스크 이코노그라피는 문맹자들을 대상으로 한다. 교회는 성경의 주요 장면을 표현하여 그들이 구약과 신약을 알게 함이다. 조각으로써 성경을 교육함이다.

5. 구원을 얻기 위한 행동 모델

구약과 신약 외에 로마네스크 이코노그라피에서 성인들의 순교 또는 성모 메리의 생에 관한 장들은 구원에 이르는 행동 모델로 사용되었다.

6. 훈계 이미지

인간을 구원으로 이끄는 장면들이 묘사되었지만, 죄지은 인간들과 그들 영혼을 마귀로 끌어들였던 반대의 것도 있다. 스페인 로마네스크 교회에는 욕심이나 정욕의 죄를 나타내는 많은 재현이 있다.

7. 도덕적 사례

다양한 이코노그라피 재현들이 모여, 기독교 도덕을 전파하고 교회 안에서 설교로 좋은 풍습을 퍼뜨리는 데 기여했다.

Chapter

FIVE

동물
기호학

FIVE

중세 우화 동물의 광범위하고 복잡한 주제를 다룰 때, 동물 기호학은 인간의 삶에 암시적이며 중요성을 제기한다. 중세 문화는 다른 시기처럼 상징을 내포하여 이 상징 언어는 『어원학』에서 전례(liturgy)까지 인간 모든 면을 포괄하였다. 따라서 동물 기호는 더 높고 숨겨진 신성한 현실을 나타낼 수 있다.

무엇보다, 상징 언어를 지배하는 우월한 존재인 하나님께 대한 경의로, 기호에 숙달함은 하나님을 아는 통로이다. 더하여, 기독교는 개념의 모호함으로 상징 현상을 기호학을 통해 명확한 표준으로 삼아, 동질성과 보편성을 갖는 것이다. 기독교 신앙이 중세 문화와 생활에 떨어질 수 없다는 전제 아래이다.

동물 상징주의는 동물에 대한 중세 사고방식과 동시에 인간에 대한 상징 의미를 반영하지만, 실제, 중세인에게는 물질적 생존을 제외하고 동물 과학은 호기심으로 큰 관심이 없었다. 중세인은 실제와 가상의 것을 구별하고 싶지 않음이다. 그러나 동물 과학이 교육과 도덕화에 사용됨에 따라, 기호학은 과학에 선입견을 품으면서 차츰 중세 사고방식을 이루게 되었다. 종교 개념에 지배되며, 인간은 믿음의 핵심 요소가 보이지 않지만 존재함을 알고 있는데, 이것은 중세인이 보여준 환상적 괴물 동물에 보인 관심에서 시연된다. 즉, 볼 수 없지만, 그들 존재에 상징성이 있다는 점이다. 실제 세계는 신성한 세계의 반영이라, 동물 기호는 쉽게 도착할 수 없는 것의 해석에 핵심 요소가 될 수 있다. 또한, 현실을 환상적으로 표현하는 성향을 감지한다.

동물 우화집과 이코노그라피의 출처

동물 우화집에서 일러스트레이션은 동물 주제에 큰 영감을 가져다 주었다. 중세 동물 우화집의 아버지인 『생리학』은 일종의 과학 편집으로 알렉산드리아에서 3~4세기에 작성, 다른 동물학 문헌들과 함께 허용되었다. 동물을 통해 교리와 기독교 도덕이 제시된 필수 출처이다.

그리스와 로마 동물들이 알레고리에 의미를 주는 반면, 기독교 동물은 이들을 종교와 도덕 상징으로 변형했는데, 상징주의는 자연의 종교들이 붕괴할 때 발생한다. 상징은 이미지를 통해 개념을 표현하며, 하나님에 의해 인식될 수 있는 행위의 참되고 숨겨진 세계인 것이다. 알레고리는 또 다른 의미를 갖는다. 이교도 작가들은 동물로 풍자와 도덕을 비유했지만, 기독교 신비주의는 상징주의를 찾았다. 상징주의는 복수적이고 모호함이 특징이다. 동물에 구체화한 그리스도 재현을 예로 들면, 어린양, 사슴, 물고기, 황소, 사자 등이고, 부정적 성질의 동물의 경우, 기독교 상징주의는 동물 전체보다는 그 성질 중 하나를 가리킨다. 뱀이 있는 곳은 흉한 곳이나 그 현명함은 그리스도의 인성으로 중세인은 비교하였다.

모든 문화는 자체가 좋아하는 상징 동물이 있다. 로마는 독수리, 멧

돼지, 늑대가 현저하며 말과 사자도 속한다. 중세는 시민과 군대 상징을 위해 이 동물들의 일부만 상속받았다. 봉건사회는 전쟁을 주로 한 전사에 공헌한 전령(heraldic) 과학이다. 기독교에 지배되어 전형적 상징주의를 만들어, 기독교 석관에는 공작, 수탉, 학, 비둘기, 양, 물고기와 성인들의 상징인 독수리, 황소, 사자로 전령의 탁월성을 전파했다.

거미류와 파충류

거미는 일반적으로 다소 사악한 상징이다. 배신과 위선으로, 거미가 숨어 있는 함정을 찾는 습성 탓이다. 그러나 기독교는 거미를 창의, 근면, 인내로 설명하려 거미줄과의 관계를 사용, 긍정적 교훈을 만들었다. 다른 거미류의 전갈은 기독교 상징에서 유대 민족, 중범 죄수와 비교된다.

해면처럼 물 주변의 동물은 신성한 메시지를 흡수한다. 중세 논문에서 연체류와 갑각류는 상징으로, 예로 순례자가 착용하는 가리비의 중요성이다. 동물 우화집에서 가리비는 여러 종이 혼합, 생물학적 광기로 판명되었다. 굴은 강생, 진주는 성모 메리이다. 바닷게는 죄에 대한 투쟁으로 전진 또는 후퇴하는 영혼인데, 앞뒤로 걷는 게의 독특한 방식으로 죄인을 대표하게 되었다.

곤충 무리는 대체로 나쁜 평판으로 공기에 대한 비난, 초월과 고도, 영성을 의미하는 공기 요소를 즐기지 못했다. 그러나 중세 기호학에서 가장 흔한 곤충 분류는 동물 우화 텍스트들에서 유익 혹은 해로운 설명과 일치한다. 개미, 말벌, 메뚜기는 해롭고 부정적이며, 누에, 나비, 꿀벌은 유익하고 긍정적이다. 영혼의 빛에 비유하는 초월과 영적인 평판은 나비이다. 부지런한 꿀벌은 동양에서 온 명성을 물려받았다. 중세 곤충들이 굶주림과 불행의 여파로 빈번히 발생했음을 상기해야 한다. 대조를 이루는 곤충으로 벌(긍정)–말벌(부정)이다. 악의 의미를 가지는 곤충도 일부는 선을 가진다. 프란치스컨 전설에 관련된 가재와 비기독교 전통에서 예지력과 활동의 개미이다.

파충류는 잘 보이지 않지만, 카멜레온과 도마뱀은 동물 우화집들이 만든 관습을 통해, 특히 후자는 빛과 태양, 즉 그리스도를 가르친다. 파충류는 갈라진 혀, 변하는 피부 등등으로 불안정한 기호이다. 예로, 나쁜 평판으로 악의적 호기심, 위선적 악어가 희생자를 삼킨 후의 눈물이다. 다른 과장된 동물로 중세 유럽에 존재하지 않는 용은 동물 우화집의 이코노그라피에 환상을 이룬다. 반감이 드는 뱀은 성경 의미에서 악마의 가장 흔한 상징 중 하나이다. 예외적으로, 뱀의 특성 일부는 그리스도와의 비교, 간교한 것만큼 가치가 있다. 이코노그라피 재현은 복음 전도자 성 요한과 관련된다. 독사는 절대적으로 부정적이다. 불도마뱀은 동물 우화에 따르면 긍정적 기호로 변했다.

양서류와 물고기

수생 환경에 그들 속성이 그룹화되어 이 동물들에서 공통 특징을 발견한다. 대개 긍정적 상징이다. 출처들에서 가장 많이 인용되는 양서류는 개구리와 두꺼비이다. 이중성은 벌–말벌처럼 대조적이다. 개구리–두꺼비에서 두꺼비는 개구리의 퇴화로, 뱀과 악어처럼 때로는 바실리스크과 용 같은 환상 동물과 관련되며 부정 의미를 수반한다. 이코노그라피 재현에서 개구리는 보통 죄인의 입에서 나온다. 그러나 논 경작의 후원자로 사찰에서는 특권으로 성스러운 물에서 즐긴다.

기독교에서 그리스도의 탁월성을 상징하는 물고기는 다른 문화의 유산과 평판을 유지한다. 영혼이나 성스러운 물고기는 다르게 읽힌다. 그들의 음경 형태에 성적인 해석이다. 성경은 물고기 번식의 기적을 중요시하여 물고기는 생산되는 알로 다산을 상징한다. 어류 생물학 지식이 제한된 중세인은 성경의 배경에서 고래를 물고기로 생각했지만, 과거 유산을 향상하는 동물 우화집들에서 변화하고 긍정적 평판을 얻었다. 고래 잡기는 유럽 연안 사람들의 중요 자원이었으므로 의미가 바뀔 수 있다. 연체류는 그리스도를 대표했고, 돌고래도 기독교인의 표시로 나타난다. 작은 물고기에 성향이 더 있지만, 거의 모든 물고기는 중세 상징 세계에서 좋은 평판을 얻었다.

조류

공기 요소에 부착된 새들은 거의 항상 영성에서 초월성을 나타낸다. 이들 상징에 부정적 해석들이 있다. 성경의 "씨 뿌리는 자"의 비유에서 씨를 먹는 새이다. 모든 새가 같은 의미를 가지고 있지 않다. 자고새의 기민함, 매의 믿음성, 암탉의 비겁함, 제비의 사교성, 거북 비둘기의 고독이다. 또 새들이 높고 낮은 비행에서 이들은 세상 태도 또는 영적 열정을 나타낸다. 야행 혹은 주간에 따라 의미를 더 발견한다.

긍정과 부정적 새를 분류한다면, 첫 그룹에서 수리, 황새, 수탉, 왜가리, 학, 칠면조, 펠리컨, 제비, 백조이다. 둘째 그룹에는 독수리, 까마귀, 올빼미 등 거의 새 먹잇감을 가지며, 다른 동물 그룹처럼, 이중성으로 올빼미, 메추라기, 독수리의 비슷한 종이다. 일부 조류는 하등동물과 관련 있다. 가장 빈번한 것은 독수리와 뱀이지만, 펠리컨과 황새도 파충류와 관련되어 악에 대한 선의 승리를 의미한다. 논리적으로, 뱀은 마귀로 적대감이 확립되었다.

어떤 새는 복잡하고 다원적으로 물 요소의 백조이다. 또는 타조가 새끼 알에 대한 무관심으로 위선이란 상징을 얻었지만, 정의의 알레고리로 끝난다. 일부 새는 기독교 상징으로 비둘기, 펠리컨, 거북 비둘기와 공작처럼 충절과 순결이다.

포유동물

이 그룹은 체계화하기 어렵고 숫자가 가장 많다. 원칙적으로 포유류를 초식동물과 육식동물로 나눈다. 전자는 후자보다 더 긍정적 상징이다. 이 그룹에서 기독교 상징들을 발견, 예로 정의를 대표하는 양이다. 염소는 나쁜 평판의 초식동물로 몇 특성을 그리스도와 비교한다. 뱀을 부러워하지 않는 마귀의 상징이 염소이다. 당나귀와 낙타는 복잡하고 다원적 상징을 한다. 긍정과 부정 둘 다이다.

황소는 복음 전도자 성 마태를 대표한다. 존경받는 말은 중세 봉건 사회의 가치 덕분이다. 성경에서 부정적 상징은 이교도의 유산이 아니다. 말의 유산은 다소 의심스럽지만, 요한계시록으로 명성을 능가했다. 동물의 특성이 기독교의 독단적인 가르침을 위해 부분적으로 창조되었지만, 상징과 동물 우화집에 공유되는 동물은 코끼리이다. 토끼 같은 작은 초식동물은 다산의 알레고리와 처녀성으로 좋은 평판이라 배타적이지 않다. 이 이유로 그들은 처녀의 발 앞에서 재현된다.

육식동물에 고양이 종은 이중의 상징이다. 동물의 높은 수치를 저하하는 몇 책임이 있지만, 코끼리처럼 사자는 지극히 긍정적이다. 동물 우화집에서 찬사받은 고양이 종은 성경에 관련된 유대의 집, 그리스도 상징인 팬더이다. 아름다움에 내뿜는 향내로 명성이 돋보인다. 사자와 팬더는 나쁜 평판의 호랑이와 대조한다. 여우, 늑대, 곰 등 전령 문장 동물은 탁월함과 시민적 기호를 즐긴다. 그들의 상징을 기독교화하면, 마귀의 강생으로 세 동물은 잔인함과 원시로 간주하며 동면의 습관으로 게으름을 더한다.

그러나 문학이나 프란시스컨의 자연에 대한 전망은 동물 상징을 약화하는 경향이 있다. 멧돼지는 폭력과 음탕함으로 나타나지만 대담과 용기로 그를 가치 있게 한 점이다. 말처럼 이교도 전통에서 내려온 충성과 우정의 상징인 개는 그의 주인을 무덤까지 동행하며, 주인에게 좋은 가신처럼 그의 발 앞에 있다. 불리한 성경 참고로 고양이는 배신의 상징이 되었다. 최후의 만찬의 여러 버전에서 이단자로서 유다의 발에 붙어 있다.

작은 포유류, 두더지, 고슴도치는 인간의 죄악인 가시로써 이단과 마귀로 해석, 긍정적 기호가 아니다. 이 작은 동물인 쥐는 작물의 해충, 흑사병의 전달자로 중세인에게 징벌의 대상이다. 박쥐는 곤충을 잡아먹는 습성으로 농업에 도움이 되지만, 좋은 징조를 보이지 못한다. 그들의 외모와 야간성에 분노의 전달자로서 즐겁지 않다. 인간과 동물학적 유사성을 가진 동물로서 원숭이는 그들이 하기로 된 습관이 죄인의 삶을 모범으로 보여주지만 근본적으로 부정적이다. 1498년 이래 유럽에서 알려진 환상 동물로 강의 말이나 물고기라 부르는 유니콘과 하마가 있다. 실제, 동물학적 무지는 많은 논란을 불러일으킨다. 하이에나는 남녀 양성으로 바뀌어 부정적 혐의이다.

결론적으로, 중세 서구에서 동물학 습관이 공정한 관찰자들의 손에 닿을 수 있었으나, 그들은 관심이 없었다. 더하여 동물 우화집 대부분은 비유럽 종에 관심을 고정했다. 과학적 이해가 기독교 신앙의 필요 때문에 가려져, 동물 세계의 현실은 유용성과 생존 이유를 제외하고는 부차적이었다. 이 규칙에 예외가 있다. 경험주의 철학자이며 도미니크회의 중심인물인 성 알베르투스 마그누스(1200~1280)는 당시 저서들에서 확인된 모든 것에 모순을 제기하였다. 그의 견해를 따르면, 동물들은 다원적 상징을 지닌다. 그들은 하나님의 신성한 계획에 이바지했으며 도덕적 견해와 교리를 모범적으로 보여주었다.

어쨌든, 동물 기호학의 관점에서 볼 때 벌레에서 코끼리까지 모두가 상징을 즐긴다. 역사상 다른 사회는 동물의 체계적 역할에 관심 없지만, 유럽 중세 문화에서는 그 목표의 동질성 때문에 독특하다. 고대로부터 있음을 알지만, 중세 문화에서 동물의 메시지는 실제든 환상 동물이든 하나님의 뜻을 반영한다. 그 이유로 동물이 악의 세계를 대표하는 부정적 상징주의에 동의하기가 어렵다. 종교에 지배당한 중세인은 동물을 선과 악의 상징으로 만들었지만, 악의 경우에도 구원의 희망이 있었다. 동물을 되찾은 긍정적 면이 항상 의인화되어 있다.

인간은 동물 기호학을 통해 더 높은 성스러운 현실에 도달하기를 원했다. 동물과 그 의미는 하나님의 뜻을 반영하는 마법의 코드였다. 그런 의미에서, 신비한 동물 기호학의 유산은 중세의 공헌이다. 동물학 지식은 시간이 지남에 따라 커졌고 상징은 박해당했다. 대부분 기독교 신자조차도 받아들이기를 거부하지만, 마귀와의 관계는 멈추지 않았다. 비둘기는 기독교도에게 성령으로, 그 외 인간들에 평안의 상징이다.

동물 기호학의 특성과 상징 해석

동물

곰	부정적	잔인, 게으름
해리	긍정적	승리의 죄인
낙타	이중성-긍정	순종-죄인
사슴	긍정	완벽한 삶의 나무-그리스도
개	이중성-긍정	충실-순종
당나귀	이중	부정
코끼리	긍정	순결-겸손
여우	부정	마귀
염소	부정	마귀
고슴도치	긍정	참회
말	이중-긍정	긍지-귀족
하이에나	이중-부정	자폐증
사자	이중-긍정	관용-그리스도
원숭이	이중	인간
팬더	긍정	아름다움-그리스도
늑대	부정	가치-파괴
숫양	긍정	힘-다산
호랑이	부정	허영-속임
고래	이중	세계

새

박쥐	이중-부정	불결
학	긍정	좋은 영혼-정의
비둘기	긍정	완벽한 그리스도-성령-교회
수리	긍정	힘-그리스도
매	이중-긍정	귀족
왜가리	긍정	관대
올빼미	이중	감시-죄인
타조	이중	과실-정당
자고새	부정	욕망-동성애
펠리컨	긍정	죄의 대속-그리스도
메추라기	긍정	하나님의 은혜
까마귀	이중	예측, 마귀
수탉	긍정	감시-부활
황새	긍정	부부 충실
백조	이중-부정	자기희생
제비	긍정	기도-부활
거북 비둘기	긍정	충실
독수리	이중-부정	마귀

물고기

돌고래	긍정	사랑-그리스도

202

곤충

꿀벌	긍정	순종
개미	다윈-부정	예측-예언
거미	이중-부정	위선-재생

뱀

불도마뱀	긍정	순결-그리스도
악어	부정	위선-악마
뱀	이중	마귀-그리스도
독사	부정	잘못

Chapter

SIX

로마네스크 건축 조각의
사자와 새

SIX

사자

사자는 로마네스크 교회 장식에 가장 일반적 육식동물이다. 그것은 조각과 벽화뿐 아니라 마뉴스크립, 텍스타일과 금속 세공에서 발견된다. 성경, 동물 우화 및 소책자들을 바탕으로 중세 문화에 사자의 상징 의미를 조사하면, 다양한 특성이 보인다. 대부분 긍정적이며 심지어 그리스도와 동일화시키지만, 사자를 악의 상징으로 취급하는 출처도 있다.

겉으로 보기에 이 이중성격은 문맥을 떠나 사자의 이미지에 해석 논증으로 사용된다. 우선, 모든 해석은 사자의 자연스러운 특성으로, 힘, 용기, 위엄과 고상함이다. 동시 신화적 특성과 프랑스 사자를 위한 역할이 개발되었다. 문서와 로마네스크 예술에서 사자는 열두 가지 역할로 식별된다. 그중 아홉은 기독교 관점에서 긍정적이며, 두 개는 모호, 오직 마귀 사자가 부정적이다.

상징적 사자의 근원은 구약과 동지중해 고대 문명으로 거슬러 올라간다. 고대 모티프 사자는 동양 예술에서 빌린 순수 형태로 기독교 문화에 도입되어 회화적 관례로 사용되었다. 프랑스 예술사가 에밀 몰은 주장하기를, 로마네스크 건축 조각의 사자는 동양에서 장식용으로 빌린 것이다. "우리 조각가는 항상 가르침과 관련이 없다. 그들은 대부분 장식에만 사용하였다."

중세 유럽에서 알려진 동양 사사니언 직물 예술에서 많은 동물 모티프 중 사자가 유명하다. 나무 옆에 한 쌍의 사자는 생의 나무 또는 진리의 나무로, 성경의 나무가 아니라 칼데아(Chaldea) 문화의 고대 신화이다. 이 모티프들은 텅 빈 형태로 유럽에 옮겨졌고, 중세 십자군 이후 특히 수입된 환상적 직물을 본 예술가들에게 채택되었다. 그러나 모티프들과 함께 그들 의미가 여행했는지의 여부를 고려하지 않았다. 생과 진리의 나무 신화의 연속성이 가까운 예로, 문제는 이들 의미와 장식 간에 이분법(dichotomy)이 적절한지이다. 장식은 의도이었지만 모티프가 동시 의미를 가짐을 배제하지 않는 점이다.

서문에서 언급한 대로, 시토회 대 수도원장이며 개혁자 클레르보 베르나르드(1090~1153)가 쓴 『아폴로지아』(1125)는 중요 출처로, 교회 장식 문제를 직접 다루었다. 이것은 수시로 인용해 그의 텍스트에 중요한 뉘앙스를 불러온다.

즉, 베르나르드의 비판은 승원 환경에서 상상력이 풍부한 이미지들의 사용이다. 교회 장식은 하나님의 집의 미화로 적합하며 "단순하고 독실한" 자를 해 끼치지 않는다. 그는 자신의 가르침에 이미지의 잠재력을 강조하지 않지만, 그것의 승원 사용에 반대한다. "책보다 읽기가 더 즐겁다", 즉 이미지는 읽어야 할 대상이라는 것이 베르나르드의 논증이다. 이것의 이해는 약 150년 후 프랑스 신학자 윌리엄 듀란두스(1230~1296)의 저서에서 더 직접 언급된다.

교회의 전례 장소, 대상물, 가구에 속한 것은 신성한 신비의 징조로 이들 각각은 부지런하고 진실한 관찰자를 만났을 때 진정한 맛이 넘친다. 이들은 교회의 모든 것을 가르치는 수단으로 사용할 수 있으며, 모든 것은 올바른 방법으로 읽혔을 때 의미를 전달한다. 물론, 이 주장은 로마네스크 이후이지만 교회 예술은 독서를 격려함으로 사자 모티프의 의미를 찾는 데 기여함이다.

성경 속의 사자

"사자"라는 단어로 약 70구절과 총 140 참고문헌이 작성되어, 사자는 성경에서 가장 흔한 동물이다. 인용문 90% 이상이 구약에 있으며 일반적으로 사자의 실질성을 제공한다. 텍스트들은 무섭고 위험한 육식동물을 직접 경험한 자들에 의해서 기록되었다. 참고문헌 대다수에서 사자의 힘과 용기, 위험스러운 사나움이 주 내용이다. 자주, 사자는 순수한 묘사로 명백하게 긍정적 암시를 보여준다.

> 악인은 쫓아오는 자가 없어도 도망하나 의인은 사자같이 담대하니라. (잠언 28:1)[40]
>
> 곧 동물 중에 가장 강하여 아무 동물 앞에서도 물러가지 않는 사자와. (잠언 30:30)[41]

구약에서 사자는 자주 이스라엘 백성의 상징으로 사용된다. 사자는 침략으로 강조되어, 구약의 투쟁적 이념과 성격을 이룬다. 이 특질들은 신약에서 반대 의미와 그리스도의 가르침을 얻었다. 구약의 예에서 유다는 사자 새끼이다.

---

40 The wicked flee though no one pursues, but the righteous are as bold as a lion. (Proverbs 28:1)

41 a lion, mighty among beasts, who retreats before nothing. (Proverbs 30:30)

내 아들아, 너는 움킨 것을 찢고 올라갔도다 그의 엎드리고 웅 크림이 수사자 같고 암사자 같으니 누가 그를 범할 수 있으랴. (창세기 49:9) [42]

장로 중 한 명이 말했다. 울지 말라 유대 지파의 사자 다윗의 뿌리가 이기었으니 이 책과 이 일곱 인을 떼시리라 하더라. (요한계시록 5:5) [43]

사자는 하느님 백성을 대표한다. 또한, 악에 대항하는 투쟁 도구였 다. 하나님의 길을 떠난 자들에게 형벌은 마귀의 행위가 아니라 처 벌하는 아버지의 의지라는 것이 분명하다.

저가 그 인간에게 이르되 네가 여호와의 말씀을 듣지 아니하였 으니 네가 나를 떠나갈 때에 사자가 너를 죽이리라. (열왕기상 20:36) [44] 그곳에 그들의 거주 시작에, 그들은 하나님을 두려워하지 않았 다. 그러므로 여호와께서 사자들을 그 가운데 보내시며 몇 인 간을 죽인지라. (열왕기하 17:25) [45]

---

42 You are a lion's cub, Judah; you return from the prey, my son. Like a lion he crouches and lies down, like a lioness-who dares to rouse him? (Genesis 49:9)

43 Then one of the elders said to me, "Do not weep! See, the Lion of the tribe of Judah, the Root of David, has triumphed. He is able to open the scroll and its seven seals." (Revelation 5:5)

44 So the prophet said, "Because you have not obeyed the LORD, as soon as you leave me a lion will kill you. And after the man went away, a lion found him and killed him." (1 Kings 20:36)

45 When they first lived there, they did not worship the LORD; so he sent lions among

네 성경 구절은 자주 사자 본성의 악마적 면의 증거로 인용되었다. 그들 중 두 개는 강력하고 위험한 권력이자 잠재적인 적으로, 그리고 하나님의 도움으로 오직 패배할 수 있는 사자의 공통 모습을 보여준다.

> 내가 사자와 독사를 밟으며 젊은 사자와 뱀을 발로 누르리로다. (시편 91:13) [46]
>
> 나를 사자 입에서 구하소서. 주께서 내게 응락하시고 들소 뿔에서 구원하셨나이다. (시편 22:21) [47]

마지막 두 구절은 사자가 마귀를 나타내는 구체적 비유이다. 그러나 사자의 깊은 본성이 아니라 위험한 사냥꾼의 자질이다. 준비되어 있지 않고 하나님 보호를 구하는 자들은 그가 사자에게 그랬듯이 마귀에게 사로잡히게 될 것이다.

> 근신하라 깨어라 너희 대적 마귀가 우는 사자같이 두루 다니며 삼킬 자를 찾나니. (베드로전서 5:8) [48]

---

them and they killed some of the people. (2 Kings 17:25)

46 You will tread on the lion and the cobra; you will trample the great lion and the serpent. (Psalms 91:13)

47 Rescue me from the mouth of the lions; save me from the horns of the wild oxen. (Psalms 22:21)

48 Be alert and of sober mind. Your enemy the devil prowls around like a roaring lion looking for someone to devour. (1 Peter 5:8)

사자가 그 굴혈에 엎드림같이 저가 은밀한 곳에 엎드려 가련한
자를 잡으려고 기다리며 자기 그물을 끌어 가련한 자를 잡나이
다. (시편 10:9) [49]

격렬한 사자는 낙원 천국의 묘사에 한 요소이다.

이리와 어린양이 함께 먹을 것이며 사자가 소처럼 짚을 먹을
것이며 뱀은 흙으로 식물을 삼을 것이니 나의 성산에서는 해함
도 없겠고 상함도 없으리라 여호와의 말이니라. (이사야 65:25) [50]

성경 인용문이 전체로 읽히면서 모든 알레고리에서 발견된 치열하
고 강렬한 사자가 선과 악의 대립에 중립적으로 사용되었다. 사자
는 강력한 힘의 단순한 이미지이다. 협박하는 마귀뿐만 아니라 유
대인의 정당한 사역과 하나님의 사역에 비유된다. 대다수 경우, 사
자는 하나님 또는 그의 백성에게 비유되거나 부당한 인간을 처벌
함으로써 그를 섬긴다.

---

49 like a lion in cover he lies in wait. He lies in wait to catch the helpless; he catches the
helpless and drags them off in his net. (Psalms 10:9)

50 "The wolf and the lamb will feed together, and the lion will eat straw like the ox, and
dust will be the serpent's food. They will neither harm nor destroy on all my holy moun-
tain", says the LORD. (Isaiah 65:25)

로마네스크 사자

로마네스크 건축 양식의 사자에 관한 자료를 검토하면 대부분 특성이 보편적이나 역할은 매우 다양하다. 기록 출처와 확립된 이미지 전통에 따라 사자는 열두 가지의 독특한 역할이다. 어떤 경우 한 역할을 쉽게 식별하지만, 많은 역할이 하나의 재현에 나타난다.

1. 왕 사자

통치자의 상징으로 사자는 고대로부터 뿌리를 가진다. 위엄 있는 모습과 인상적인 힘으로 왕에게 이 모티프는 자연스럽다. 사자 왕에 대한 성경 참조는 솔로몬의 보좌이다. 임금은 상아 왕좌에 정밀한 금을 입혔다. 왕좌에는 여섯 계단이 있고 둥근 꼭대기를, 좌석 양쪽에 팔걸이가 있으며 그 옆에 두 마리 사자가 서 있다. 열두 사자가 여섯 계단 끝에 각각 서 있다. 왕좌를 들고 있거나 옆에 서 있는 사자는 왕, 성인과 주교의 보좌로써 사용되는 전통이 되었다. 사자는 독수리와 함께 가장 많이 사용되는 동물이다.

2. 신격의 사자

복음 전도자 성 요한의 설교는 네 존재가 네 전도자를 상징하고 동시에 그리스도 자신을 대표한다. 요한계시록에 근거, 그리스도는 "유대인 지파의 사자"로 묘사된다. 이 알레고리는 장엄한 사자를 그리스도의 중심 역할 중 하나인 그리스도의 왕과 관련시킨다. 왕

과 그리스도를 평행한 상징으로 사자는 덴마크의 옐링 돌 비석(Jell-
ing, c. 965)에 나타난다. 덴마크의 기독교화를 알리는 주요 비석에 사
자는 지상의 통치자와 하늘의 통치자를 동시에 대표한다.

3. 후견인 사자

로마네스크 건축에서 사자의 상당 부분은 교회의 수호자이며 자주
포털 조각의 일부이다. 이탈리아에서 흔히 볼 수 있는데 사자는 포
털을 받치거나 문의 측면 기둥 혹은 팀파눔의 릴리프에 나타난다.
사자가 수호신 자질을 가정하는 이유는 그것은 강하고 무서우므로
잠재적 공격자를 좌절시킬 수 있기 때문이다.

동물 우화집에 따르면, 사자는 열린 눈으로 자며, 악의나 불운의 영
향을 피하는 효과가 있다고 주장되어 왔다. 포털에 나타난 사자는
일부는 공격적이며 일부는 평화롭다. 이탈리아 로마네스크의 많은
포털에서 인간이나 다른 동물과 함께 표현되는 경우 특히 분명하
다. 지배자로서 사자는 인간 뒤쪽에 그의 발톱 흔적이 있는 경우이
다. 에밀리아 로마냐의 페라라 대성당에 수호신의 자세는 아래에
있는 양을 보호한다.

4. 지탱하는 사자

로마네스크 사자는 자주 실제 혹은 상징적인 체중을 지탱하는 대
상이다. 언급한 보좌 외에도, 침례 세례 반, 강단, 교회 포털의 기둥
또는 교회 건물 자체이다. 실제 로마네스크 건축 조각의 상당 부분
은 교회 구조를 지탱한다. 구체적으로 교회 건물을 받치고 상징적
으로 교회를 지원하여, 사자는 건축 조각의 핵심 모티프로, 교회의

지지자이다. 이 사자들은 종종 망보기의 역할이다. 영국 스태퍼드 성 메리 교회 침례 세례 반을 두 마리의 사자가 지탱하고 그 테두리 텍스트는 "그는 이 사자들로부터 도망가지 않는 현명한 자다." 사자는 또한 거룩한 침례 수를 지킨다.

5. 처벌하는 사자

때로는, 사자의 힘과 맹렬함이 상대를 공격하거나 인간을 삼키는 잠재력으로 보인다. 이 공격 사자는 전체 표현의 숫자에 적은 비율을 차지하지만, 사자의 중요한 특징 중 일부를 강조한다. 이미지에서 볼 수 있듯, 성경과 다른 신학 자료들은 사자의 두려운 자질이 마귀와 화합과 하느님의 불순종에 위험을 묘사하는 데 사용된다. 그러나 사자는 인간을 죄로 인도한다는 의미로 마귀가 아니다. 인간을 공격한 것으로 그 자신 분노의 희생자는 무죄이며, 먹이는 형벌 받을 죄인이다. 따라서 사자는 기본적으로 정의의 도구이지 마귀의 것은 아니다. 이 역할에 베를린 보드 박물관에 12세기 후기의 기둥머리 사자가 있다. 사자는 심판의 날에 자신의 인간 먹이를 하느님에 의한 마지막 형벌로 인도하려 내뿜는다.

6. 자비로운 사자

동물 우화집들에, 사자의 특징 중 하나는 그 자신 얼굴을 아래쪽으로 향하고 복종하는 인간을 살려준다. 사자의 다소 비현실적 특성이 그의 신화에 추가되지 않았다면 그는 선의 하인만큼 유용하지 않았을 것이다. 이 특질은 독실하고 겸손한 인간은 끔찍한 사자를 두려워할 필요가 없음을 밝힌다. 사자 굴의 다니엘이 훌륭한 예다.

정당한 다니엘은 구원을 얻었고, 그의 부당한 박해자들은 같은 사자들에 먹혔다. 아라곤 하카 성당 팀파눔의 비문은 두 마리 사자와 무릎을 꿇고 있는 한 인간 관계의 의심을 제거한다. 왼쪽 사자 위에 텍스트는 "사자는 기도하는 자를 용서하는 그리스도처럼, 자신 앞에 무릎 꿇는 자를 살려주는 것을 안다." 다른 사자 위 비문은, "강력한 사자는 죽음의 왕국을 파괴한다." 이 이미지는 보호자 사자들과 그들 동반자 관계를 밝히며 사자들이 보호를 원하는 자들을 실제 보호할 것임을 약속한다. 둘째 텍스트는 사자는 부활의 상징 역할이다. 사자가 어린양이나 경건한 인간 같은 전형적 희생 동물을 보호할 것이며, 곰, 용 또는 뱀과 죄 많은 인간같이 강한 존재들을 향해 공격적으로 행동한다.

7. 부활 상징의 사자

부활 상징으로써 사자는 동물 우화집들에서 전달된 신화적 품질에 기초 두고, 성직자인 오툰의 호노리우스(1080~1154)의 설교집에 채택되었다. 암컷은 죽은 새끼를 낳으며, 죽은 새끼는 수컷이 사흘 만에 그들에게 숨을 불어넣어 으르렁거렸을 때 살아난다. 사자의 하나님 같은 특징은 영원한 생명 대리인으로서 강한 상징 의미를 부여한다. 하카 성당에서 본 것처럼 사자는 죽음을 이긴 승리자이다. 부활자로서 그의 역할을 통해서만 가능하다. 그의 새끼들에게 호흡하는 사자 모티프는 벽화에서도 발견된다. 로마네스크 침례 세례 반에 서식하는 사자들이 이 해석의 열쇠이다. 왜냐하면, 침례는 두 번째 탄생이다. 스태퍼드의 상 메리 교회 세례 반에서 원숭이와 숫양은 죄를 근절하고 그리스도를 통해 새 생명을 부여하는 역할로 재

탄생의 전 과정을 묘사한다.

8. 충직한 사자

교회 예술에서 충성스러운 사자의 예는 성 제롬의 동반자이다. 교회교부는 그의 발바닥에 가시가 있는 사자를 구해주어, 사자는 남은 생애를 성 제롬의 가장 충성스러운 동반자가 되었다. 감사하고 충성하는 사자는 상 제롬이 책상에서 글을 쓰는 동안 평화롭게 휴식하는 것으로 묘사되는 경우가 많다. 또한, 중세 로맨스에서 인기 주제였다. 1180년경에 크레티앙 드 트로아가 쓴 『Le Chevalier au Lion(사자 기사)』의 주인공이다.

9. 패배한 사자

강한 사자가 강한 인간에게 패배했을 때이다. 사자를 물리친 일은 헤라클레스, 다비드, 삼손 같은 인물로, 기독교 예술에서 사자를 죽임은 이 경우이다. 이러한 모티프는 로마 석관들에서 흔히 볼 수 있는데, 왕과 귀족을 위해 예약된 귀족 사냥으로 간주한다. 한 해석은, 패배한 사자가 죽음에 대한 인간 승리를 상징한다. 패한 후에도 사자는 상대방의 용기를 통해 힘의 상징으로 뛰어나다. 반대로 그의 정복자들의 힘은 사자를 죽이는 행동을 통해 강조된다. 성모 메리나 성인들 발밑에 있는 사자는 성인의 권세를 보여주고 마귀를 짓밟는 현대적 해석이다. 둘 다 적합하다. 인간 힘으로 사자를 물리치는 남성 영웅들과 평행할 수 있다. 하나님 힘을 통해 약한 여자도 가장 강한 것을 지배할 수 있음을 또한 보여준다.

10. 십이 궁도의 사자

십이 궁도는 바빌로니아에 뿌리 두지만, 그리스와 로마인들에게 채택되어, 최초 기독교도들의 회화적 언어가 되었다. 사자는 그 이름의 별자리에서 유래한다. 불의 신호로 그의 달은 해가 맹렬한 여름의 8월이다. 남자다움과 힘의 기호로 사자 힘은 태양의 상징으로 추가된다. 기독교 예술에서 여름의 일들과 관련하며, 어느 쪽이든 그는 일 년 주기의 재현에 일부를 담당한다.

11. 성인 마가의 사자

복음 전도자는 보통 그가 날개를 달고 책이나 두루마리를 가진 것으로 그리스도 부활에 관련된다. 사자는 새끼들에게 생명을 주는 길을 통해 부활의 상징이다. 사자에 겹치는 다른 의미를 본다. 전도자의 상징은 요한계시록(4:7)의 네 생물과도 평행하다. "그 첫째 생물은 사자 같고 그 둘째 생물은 송아지 같고 그 셋째 생물은 얼굴이 인간 같고 그 넷째 생물은 날아가는 독수리 같은데."[51]

12. 마귀 사자

이미 언급한 베드로전서(5:8)가 흔히 인용되며, 19세기 예술 역사 문헌에서 사자가 마귀로 해석되는 공통 견해이다. 다른 성경 구절 몇 가지는 사나운 사자를 악에 경계하는 경고로 사용한다. 성 피터는

---

51 The first living creature was like a lion, the second was like an ox, the third had a face like a man, the fourth was like a flying eagle. (Revelation 4:7)

사자를 마귀의 위험한 힘과 닮은 것으로 이용, 사자의 알려진 특성이 보여주는 강한 경고이다. 사자가 홀로 활동할 때, 죄인에게 공격성은 마귀의 행동만큼이나 하나님의 작업으로 보인다. 그러나 사자가 인간을 해치려 용과 결합할 때, 그 작업을 마귀와 연관시킨다. 용은 기독교 예술에서 부정적 힘이므로 사자는 그의 동행으로 타락되었다.

중세 문학에서 사나운 사자 언급은 거의 동물과 마귀를 동일시한다. 성 아우구스티누스는 그의 설교에서 곰은 턱에, 사자는 발톱에 힘을 가지고 이들은 마귀 이미지를 구성한다. 사자와 곰의 짝짓기는 흔하지 않지만 사자 이미지들은 해석에 개방적이다. 많은 제사장이 수 세기를 통해 마귀의 사자에 대해 설교했다. 사자로서 마귀의 재현은 때에 따라 적절한 해석이지만, 로마네스크 예술에서 보편 역할은 아니다. 하나님과 마귀 사이의 복잡한 상호작용으로 사자의 역할 해답은 종종 쉽지 않다.

요약하면, 로마네스크 교회의 건축 모티프 외 성경과 동물 우화집의 풍부한 자료를 바탕으로 사자가 중세에 일반적 의미를 전하는 주장에 이유가 있다. 나무 옆에 있는 한 쌍의 사자처럼, 이 모티프는 텍스타일에도 의미가 유지되었다. 반면, 하나님과 건축물에 나타나는 인물들을 공경하는 교회 장식은 조각이나 그림을 그리는 동기가 되었다는 믿음이 합리적이다. 사자가 긍정적이든 부정적이든 다른 동물이나 잡종과 함께 매달리온 혹은 프리즈에서 발견될 때 교훈은 문제가 되지 않는다. 사자는 위에서 언급한 모든 의미를 가져온다. 이미지의 강도는 보는 인간을 중심으로 하여 의미를 읽게 허락하지 않고서는 친숙한 이미지를 볼 수 없게 만든다.

물론 사자의 원래 의미는 이 모티프가 여행할 때 손상하며 그릇되게 전해졌다. 그리고 이 모티프를 만나는 인간의 문화와 종교에 맞춰진다. 같은 신화 및 종교 모티프카 시간과 공간적으로 장거리의 발견에서도 예술 전통은 안정적이다. 고대 동양에서 시작한 사자에서 중세 개념에 이르기까지 명확한 선이 있다. 힘과 존엄 상징으로 결코 사자의 형상에서 빠지지 않는 자질이다.

열두 타입 중 아홉은 긍정, 두 개는 처벌하고 패한 사자로 모호하다. 오직 마귀 사자는 부정적이다. 따라서 명확한 맥락 없이 사자 이미지에서 유발된 일반적 연관은 긍정적이라고 할까. 그렇지 않다면 역사를 통해, 하나님, 왕과 성인들의 상징으로 사자는 봉사하지 않았을 것이다.

새

성경에는 새에 관한 약 3백 개 참고문헌이 전체적으로 흩어져 있다. 창세기에서 계시록까지 새들은 생생한 현실감을 선사하며 역사적 사건의 일부를 담당한다. 고대 유대인들은 현대의 쌍안경, 카메라 또는 현장 안내의 보조 없이 새들에 관해 듣고 정확히 기술했다. 그들은 이들을 하나님의 피조물로 보았고, 유대인의 성경적 땅은 세계에서 가장 크고 아름다운 곳으로 새 이동 경로의 한 장소에 놓여 있기 때문이다. 수천만의 새는 남, 북을 횡단하며 그들의 번식처를 택하여, 예리한 관찰자는 일 년 중 약 4백 종을 기록, 성경은 최소한 20종을 식별한다. 올빼미의 여덟 종과 먹잇감의 새 다섯 종이다. 새는 로마네스크 건축 조각에 여러 상황으로 표현되었다. 성경 이야기, 중세 일상생활, 그리고 피하여야 할 삶을 암시했으며, 특정한 새 이미지를 통해 기독교 사상을 강조했고 심지어 장식용이었다. 어쨌든, 새는 종교 의미가 담긴 장식으로서 동물 우화집에 이미 비쳤다. 구약 욥기(12:7~10)는 가르치기를, 자연의 기초로서 "동물에게 물어라, 그들은 당신을 가르칠 것이다. 하늘의 새들에 물어라, 그들은 당신을 가르칠 것이다. 혹은 바닷물고기가 당신에게 알리게 하라. 모든 이것이 하나님 손 아래에 행해짐을 알지 못하는가? 그의 손에서 모든 생물과 인간 숨이 달려 있다."[52] 생명 나무에 새 현존은 고대부터 존재하였다.

예로, 아비뇽 라피데르 박물관은 5세기 보진느에서 만든 제단을 전시, 이것에 앞 가장자리를 따라 비둘기가 담긴 두 기둥 윤곽선이 있다. 또 보르도 상 세르 토굴의 6세기 석관은 기독교의 상징을 앞선다. 새들이 기독교에 채택되기 전 장식이나 이교 신들 상징과 연관되는지는 카타콤브 벽화에서 알 수 있고, 고대 이미지들은 거의 세부 사항을 변경치 않고 다음 세대 모델이 되었다. 그레노블에서 최근 발굴된 7세기 토굴은 상 로렝 교회 구조 아래였는데, 기둥머리에 조그만 비둘기 쌍을 보인다.

새의 시작은 창세기이다. 관련된 초기의 중요 사건인 대홍수, 노아 방주에서 귀환으로 묘사된 갈까마귀와 비둘기였으나, 로마네스크 건축 조각에 흔하지 않다. 노아는 땅을 찾기 위해 갈까마귀를 첫 정찰병으로 보냈다. 새는 물이 땅에서 마를 때까지 앞, 뒤로 나르며 도움이 되지 않아, 노아의 임무를 무시한 탓에 책망당했다. 유대 전설에 의하면, 갈까마귀 깃털은 원래 눈처럼 희었으나 노아에게 돌아가지 못해 흑색으로 처벌되었다. 노아는 이번에 비둘기를 보냈다.

노아 이야기는 로마네스크 건축 조각에 묘사된다. 갈까마귀는 모호하고, 아름답고 섬세한 비둘기는 성경에서 자주 언급되어 중요한

---

52 But ask the animals, and they will teach you, or the birds in the sky, and they will tell you; or speak to the earth, and it will teach you, or let the fish in the sea inform you. Which of all these does not know that the hand of the Lord has done this? In his hand is the life of every creature and the breath of all mankind. (Job 12:7~10)

새가 되었다. 시편(68:13)은 기록하기를, 비둘기 날개는 은으로 덮여 있고, 그 깃은 녹색 황금으로 덮여 있다. 비둘기는 7일 후 노아에게 소식을 가져왔는데 입에는 잎을 뜯어낸 올리브가 있었다. 하나님은 이때부터 노아를 통해 인간과 언약(Covenant)을 맺었다. 올리브 장식의 비둘기는 하나님이 인간과 평화를 만든 순간의 상징이 되었다. 이 이야기는 교회 후진과 성가대석에서 볼 수 있다.

비둘기는 십자와 그리스도 부활이 담긴 신약의 언약에 따라 성배와 관련된다. 푸아투의 랑클로아트 기둥머리에서 새들은 성배를 거절하듯 멀리 떨어져 그 상징 해석에 오해를 가져온다. 그런데도 새는 평화와 영성이다. 성배는 평화와 영성이 하나님과 인간 사이의 신약 언약에 의존함을 강조한다. 비둘기와 그리스도 희생의 단합은 9~10세기 카탈루냐의 상트 에스테메 데 몽트네르 교회 후진 창문에 나타났다.

비둘기의 다른 재현이 성 요한의 복음에서 발견된다. 천국의 성령이 이 새처럼 그리스도 위에 거한다. 네 복음서는 모두 비둘기를 언급하나, 이 세례 비둘기는 기독교 메시지에 사용된 여러 새 중의 첫째이다. 이후로 비둘기는 기독교 교회와 하나님 성령의 상징이 되었다. 이것의 연장으로, 죽은 순간 시체 입에서 나와 날아가는 비둘기는 인간 영혼을 뜻한다. 타르곤 교회의 모딜리온에는 성령과 그 상징성을 강조하며 머리 주위에 후광을 가진 비둘기가 보인다.

구약 출애굽기는 노예 유대인들이 이집트를 떠나 시나이 광야를 횡단하고, 천막을 뒤덮은 메추라기 이주의 봄 도착을 기록한다. 민수기도 엄청난 양의 메추라기를 설명하는데, 이동 메추라기 수확은 이미 벽화에 기록되었다. 기원전 23년경 이집트 사카라 메라 무덤

벽화이다. 그리고 로마네스크 건축 조각은 스페인 지론드 교회 정문 아치에 메추라기 꼬리와 주둥이 모습이다. 하나님이 그의 백성들에게 하사한 풍성을 뜻하는지 단지 장식인지 알 수 없다.

선행 독수리

찌는 열기에서 급증하는 독수리들은 봄, 가을 중동 레반트와 홍해 사이에 위치한 그들의 성지로 날아간다. 성경은 이 새를 힘, 속도 및 보호 능력으로 암시했다. 구약 이사야(40:31)는 알리기를, "오직 여호와를 앙망하는 자는 새 힘을 얻으리니 독수리의 날개 치며 올라감 같을 것이요 달음박질하여도 곤비치 아니하겠고 걸어가도 피곤치 아니하리로다."[53] 다비드는 길보아 전투에서 사울과 그 아들의 행동을 독수리보다 더 빠르고 사자들보다 강함으로 비교했다. 사자는 동물의 왕, 독수리는 새들의 왕으로 둘 다 속력, 위력과 위엄을 대표한다.

이 속성은 로마네스크 건축 조각에서 권력 상징을 향상했다. 동물 우화집에 독수리의 날카로운 시야는 높이 활주하며 물고기를 잡으려고 바다로 뛰어든다고 기록했다. 중세인들은 믿기를, 새 중에 독수리만이 자신의 시력을 손상치 않고 태양을 정면으로 응시할 수 있다. 즉 모든 인간 계략을 지켜보는 하나님 시력이다. 따라서 교회 입구 기둥머리의 독수리는 인간의 강한 보호자 하나님이며, 태양을

---

53 But those who hope in the LORD will renew their strength. They will soar on wings like eagles; they will run and not grow weary, they will walk and not be faint. (Isaiah 40:31)

정면으로 응시하는 특성은 이것이 영국 교회의 성서 낭독대에서 널리 사용된 이유이다.

토리노 박물관에 보관된 12세기 베네치아 돌비석은 독수리의 적나라한 힘을 과시한다. 독수리가 자기보다 더 큰 토끼를 죽이는 순간으로, 여기서 토끼는 인간의 성적 욕망과 과잉이다. 날개 펼친 독수리는 중세 기독교 권력 상징으로 콥트 장식 비석에 보인다. 특수한 독수리 종은 짧은 발가락으로 매년 여름 프랑스 페리고드 지역에 나타나며 뱀을 잡아먹는다. 따라서 이 모티프 조각 메시지는 악에서 승리한 하나님으로, 뱀은 이브를 에덴동산에서 잘못 인도한 후 악을 대표하는 단어가 되었다. 오베르뉴 메이앗 교회에는 네 다리의 독수리로 이 종류는 동물 우화집에 나타나지 않아 아마 작은 거북일 것이다. 그리고 채플 상 로베르 교회 기둥머리에서 독수리가 그 주둥아리로 뱀 꼬리를 먹어 삼킨다.

색욕 죄를 경고하는 로마네스크 건축 조각이 많다. 뱀이나 두꺼비가 여성 가슴을 공격, 이들 각각은 악과 죄의 동의어이다. 메이앗 교회의 이미지는 악과 하나님 간의 끊임없는 전쟁으로, 하나님의 영적 도움으로 일어나는 전쟁은 선의 승리로 항상 끝난다.

남쪽으로 몇 킬로 떨어진 노네트 마을 교회는 같은 워크숍의 기둥머리가 있다. 기독교 테트라모프(Tetramorph) 상징은 기원전 550년경 예언자 에스겔이 바빌론에 망명, 거기서 바빌론 점성술의 상징을 그렸다. 네 생물이 불에서 나오는 환상으로, 오른쪽에 사자, 왼쪽은 황소이다. 요한계시록에서 이 환상이 성 요한에 의해 반복된다. 6세기 마뉴스크립에서 성 요한은 독수리로 대신하며, 네 복음 전도자 사이에 위치한 "폐하의 그리스도"는 로마네스크 건축 조각에 빈번하다.

클러니 베네딕토회는 수 세기 로마네스크 건축의 모체로 기독교에 큰 영향을 끼쳤다. 조각의 주문에 그것의 상징이 긴밀한 배려로 가해졌다. 클러니 교회 서쪽 문의 팀파니움에는 훌륭한 독수리가 보인다. 복음 전도자들을 의미하는 일부로 멋진 머리, 강한 주둥이, 목덜미와 목을 덮는 깃털은 서쪽 문을 통과하는 신자에게 강한 메시지를 준다.

이 새의 악한 행동도 있다. 베즈레 세인트 마델레이느에는 독수리가 어린이를 날치기하며 악마가 환호를 올린다. 올림퍼스산에 제우스 형태로 변한 독수리에 실려 간 트로이 왕자 가니메데스를 상기한다. 어린이로 재현되는 인간 영혼은 악마 손아귀에서 벗어나야 한다.

불멸 공작

공작은 로마 여신 주노(Juno)의 친구로, 실제 동남아시아 밀림에서 유래한다. 이국 전시품으로 유럽에 왔으며, 솔로몬 왕은 그 하나를 선사 받았다고 전해진다. 예로, 라벤나 성 아폴리네르 교회는 테오도르 대주교 무덤을 소장, 688년 조각한 성유(chrism) 각 편에 수컷 공작의 긴 꼬리가 접혀 있고 눈에 띄는 머리숱을 가진다. 당시 공작은 불멸의 상징으로 해석했을 것이고, 동물 우화집도 이것이 부패하지 않는 새로 묘사했다.

5세기 테살로니키 상 게오르그 원형 홀 모자이크는 그리스도와 함께 20성자를 묘사한다. 무덤은 두 비둘기의 십자 밑에 두 공작이 상징적 천국에 서 있다. 비둘기는 하나님 언약을 상기하고 공작은 천국의 영원성을 확인한다. 메로빙거 왕조의 수백 석관에서 두 마리 새 장식 모티프는 성유나 십자로 표시, 비둘기 또는 공작이다. 프랑스 산통지 비롱의 서쪽 문 바깥 아치의 두 공작은 장식인지 신자들에게 하나님 약속을 상기함인지 분명치 않다. 쾌시의 두발 교회 토굴 기둥머리들은 단순한 잎 디자인으로 장식, 한 기둥머리에 두 마리 새의 부채 꼬리와 볏을 가진 공작이다. 조각가는 공작을 본 적이 없고 부채 꼬리의 상징을 몰라, 새의 나선형 주둥이를 환상적으로 묘사하였다. 12세기 카탈루냐의 상트 페레 데 카세레스 석관의 두 공작도 상징으로 그리스 동방 교회에서 이 새가 불멸을 뜻했기 때문이다.

이주자 황새

피레네산맥 기슭에 위치한 리폴 승원은 풍화되었고 서쪽 파사드만 남아 있다. 입구에 긴 다리의 흰 황새로, 이 새는 스페인의 많은 도시와 마을에서 익숙한 여름 방문객이다. 교회 같은 고층 건물에 자주 둥지를 짓고 행운의 징조로 환영받는다. 황새는 구약성경 예레미야(8:7)에 이주자로 처음 언급되었다. "공중의 학은 그 정한 시기를 알고 반구와 제비와 두루미는 그 올 때를 지키거늘 내 백성은 여호와의 규례를 알지 못하도다 하셨다 하라.[54] 동물 우화에서도 기

---

54 Even the stork in the sky knows her appointed seasons, and the dove, the swift and the thrush observe the time of their migration. But my people do not know the requirements of the LORD. (Jeremiah 8:7)

록하기를, 황새는 하나님의 신중한 인간 혹은 주의다운 그의 종들이다. 황새가 뱀을 추적하고 그 독약을 뺏는 것처럼, 신중한 인간은 독이 있는 제안을 만드는 악령을 추적하고 그에게 아무것도 없게 한다. 황새 조각이 도덕적 교훈인지 확실치 않지만, 서쪽 문을 통해 출입하는 신자들에게 이 새의 배치는 그럴 수 있다.

사랑 펠리컨

펠리컨 가슴의 적혈구는 부모 사랑의 이미지이다. 어미 새가 죽은 새끼를 되찾으려고 피를 쏟아붓는 묘사는 동물 우화에 이미 나타났다. 십자가에 못 박혀 인간을 위해 피 흘리신 그리스도와 비교된다. 펠리컨은 로마네스크 건축 조각에서 쉽게 확인되지 않으나, 12세기 카탈루냐 산타 크레우스 회랑은 좋은 예이다. 현재 뉴욕 클로아스터 박물관에 보관된 랑그도크 나르본느 지역 교회 아치에도 가슴을 쪼는 펠리컨이 있다. 베리의 플람피에 기둥머리에서 새끼에게 먹이를 주는 펠리컨은 양육 상징이 의도였다.

밤과 지혜 올빼미

구약성경 레위기와 신명기에 열거한 새 목록은 거의 비슷하다. 여덟 종의 올빼미로, 대부분 올빼미는 어두움에 조용히 날며 먹이를 감지하는 날카로운 청력을 가진다. 한 예외로 "조그만 올빼미"는 팔레스타인에 자주 나타나며 낮에도 보인다. 이것은 새끼를 먹일 때 방해받으면 상하로 움직이고, 그리스 동전에 묘사되고 지혜의 여신 아테나와 연관된다. 몇 기독교인에 의하면, 올빼미는 상징적 어둠에서 신앙이 없는 자를 구하려고 오신 하나님 아들로, 십자가 처형은 그리스도가 빛을 가져다줌이다.

한 일화는 말하기를, "이 새는 우리 그리스도께서 그들을 구원하기 위해 오셨을 때 그를 거절한 유대인이다. 우리는 카이사르를 제외하고는 왕이 없으며 빛보다 어둠을 선호한다."[55] 샤랑트 상 콜롬브 교회 파사드 조각에 조그만 올빼미가 있다. 이례적으로 올빼미는 흔하지 않아, 이 위치의 새 상징은 불분명하다. 같은 지역의 상 피에르 드 올네 기둥머리에는 두 마리 개가 고통에 빠진 올빼미 같은 새 날개를 쥔다. 이 경우, 올빼미는 그리스도의 삶과 죽음의 깨우침을 거부하는 유대인이나 이단자이다.

수호 갈까마귀

갈까마귀는 구약에서 등장, 예로 노아의 방주나 다니엘의 이야기이다. 로마네스크 건축 조각에 거의 부재한다. 부르군디 오툰의 상 방상 기둥머리에 두 갈까마귀 해석에서 하나는, 상 방상은 304년 발렌시아에서 순교하였다. 다른 해석은 그의 유물은 남서쪽 포르투갈의 갈까마귀 성전(The Temple of Ravens)에 안치되었다. 이것이 확실치 않음에도, 갈까마귀들은 성인 유물을 지키며 성지 순례의 초점이 되었다. 1173년에 그의 시체가 재발견되며, 수호자 갈까마귀들과 함께 리스본으로 옮겨졌다. 상 방상의 명성은 오툰 기둥머리에서 시작하였다.

---

55 This bird signifies the Jews who, when our Lord came to save them, rejected Him, saying 'We have no king except Caesar' and preferred darkness to light. (요한복음 19:15 참조)

거부 수탉

성 마태의 복음 발췌문은 인간이 오류를 범하기 쉬움을 회상한다. 성 피터는 그리스도에 의해 발탁되었고, 교회를 암석 위에 세울 것을 주장, 그의 단호한 충성심을 확신케 했다. 그러나 성 피터는 수탉이 울기 전 세 번 그리스도를 거부했다. 카탈루냐 남쪽 산타 크레우스는 모슬렘 무어족을 추방한 후 시토회에 의해 세웠다. 시토회의 동물 장식 거부 철학에도, 새, 동물 및 괴물 조각이 있다. 그들 중 어린 수평아리는 승려들이 매일 그들의 약점을 떠올리게 하는 세면기 입구에 위치한다.

무명의 새들

많은 로마네스크 교회는 이름 없는 새들로 장식, 이들 주위의 상황을 간주하여 해석이 필요하다. 조각의 상징을 설명하는 당시의 텍스트들이 없어, 주제 해석과 조각 의미는 관람자의 분석에 따른다. 그러나 고대 그리스-로마 신화 지식은 중세 교회 조각에 다소 변화하여도 기초를 제공한다.

상징 새는 로마네스크 건축 조각에 중요하다. 중세인은 삶에 대한 기독교 도덕 해결책으로 사용된 회화적 암시와 상징들에 익숙하였고, 대부분은 고대 이교 문명으로 하늘을 전달하는 새 날개이다. 새는 죽음 후 영혼의 움직임으로 자주 사용되었다. 기원전 1400년 『죽음의 책(Book of Death)』은 영혼을 시체 미라 위에 새 형태로 묘사하여, 로마네스크 건축 조각가는 이 상징을 물려받아 인간의 신비 요소를 설명하였다.

한 쌍의 비둘기 사이의 성배가 두 정체 없는 새들의 성배가 되며 신약의 언약을 상징한다. 그렇다면, 오베르뉴 상 제르맹 기둥머리에 성배를 가지지 않은 두 마리 새는 어떻게 해석할 것인가? 새, 동물, 괴물을 상징으로 이용한 로마네스크 건축 조각은 "균형"을 목적으로 중세 일상생활에 접어든 개념이다. 삶의 도덕적 선택과 규율, 사고와 행동 자유 및 조화이다. 따라서, 두 마리 새가 얼굴을 서로 돌림은 죽음 후의 알지 못하는 세계이다.

토끼는 로마네스크 건축 조각에 희귀하며, 나타나면 사냥이나 계절 장면이다. 상 제르망 르에름에 발톱 가진 두 마리의 큰 새와 그 사이에 한 토끼가 나타난다. 로마 시대, 토끼는 정욕의 상징으로, 동물 번식력 외에 어휘 라틴어는 여성 성기를 의미한다. 이 문맥에서 르에름 기둥머리 해석은 어렵다. 토끼는 독수리, 매, 올빼미 같은 큰 새 먹잇감으로 땅에 산다. 한편, 영적 가치를 가진 새는 훌륭한 시력으로 땅 활동을 탐지, 즉 모든 인간 행동을 보는 하나님과 함께한다는 뜻이다. 13세기 타라고나 대성당 회랑은 이 상징주의를 발전시켜, 한 쌍의 독수리와 그들 발톱 아래 토끼를 조각하였고, 토끼는 모든 죄가 하나님께 드러나는 것을 알지 못하는 인간을 뜻한다.

선악 새

새는 로마네스크 상징에 또 다른 역할이 있다. 아키테인 산통지의 교회들은 새와 동물로 가득하다. 새들은 동물 머리에 위치, 일부는 강한 주둥이로 동물을 공격한다. 현실적으로 새가 패자가 될 싸움이다. 한편, 다른 조각에서 새가 동물 귀에 속삭인다. 여기서, 새는 선이고 동물은 악이다. 싸움은 영혼을 대표하는 새와 재물, 본능과 욕망의 동물 사이이다. 산통지 상 의토롭 교회 기둥머리는 긍정적 삶을 재현, 웅크린 새 어깨에 날개 달린 사자가 있다. 새 몸체는 사자 등 쪽으로 돌았고 주둥이는 사자 머리를 정면으로 하여 그의 귀에 닿는다. 여기서, 사자는 평범한 삶의 인간이지, 권력과 위엄의 동물 왕이 아니다. 하나님 법을 위반하는 동물 본능과 욕망을 가진 재물과 물질이다. 외모에 약한 새는 큰 내적 힘으로 인간의 영혼과 연결한다. 이 조각은 일상생활에서 일어나는 선악의 영적 싸움에 대한 조언으로, 로마네스크 건축 조각에 흔하다.

선악 투쟁에서 성령의 상징으로써 새의 해석에 혼란을 주는 조각이 있다. 서로 쌓여 있는 여러 마리의 새이다. 귀엔 주게장의 아르누 대승원은 질서를 갖춘 새들로, 큰 쌍의 등에 조그만 새 한 쌍이 함께하여 포도 가지를 쫀다. 여기 나타난 솔방울은 고대 재료로서 박카스와 그의 추종자에 의해 운반되었다. 여기서 솔방울은 술 취함이지만, 죽음의 맥락에서는 다른 의미로 영생을 뜻한다.[56]

한 예로, 보르도 와인 지역의 란디라 교회 기둥머리는 포도를 먹는 새들과 그들 옆의 솔방울이다. 이 지역은 유명한 화이트 와인 포도원으로 다소 지방적 풍미를 가했으나, 이 조각의 기본 의도는 술 취함의 죄에 대한 암시이다. 중세 생활의 거친 삶을 감안할 때 많은 기독교인은 과도한 음료로 짐을 덜었을 가능성이 크다. 이 모티프가 세상 죄에 대한 경고로 조각에 자주 등장함은 놀랍지 않다.

오베르뉴 티에르는 와인 지역이 아님에도, 새가 사자, 포도 다발과 함께 기둥머리에 나타난다. 아마도 이 모티프의 상징주의가 광범히

---

56 저자가 쓴 『중세 승원 회랑의 초목과 꽃 조각 장식』 (한국학술정보, 2018) 참조.

퍼져, 이 지역 기독교인들에게 익숙하게 된 점이다. 사자 머리는, 영적인 새의 승리로 술 취함 죄를 피할 수 있음을 상기케 한다. 제르의 라르상갈 교회도 강조한다. 새들이 사자 머리에 놓여 있는 솔방울을 쪼는데 술 중독에 초점 맞춘 선악의 대결이다. 때때로 조화를 이루는 새들은 선을 위한 것으로 영적 세상의 일치와 조화의 상징이다.

종말 예고 새

푸아투 쇼비니에는 다른 스타일 기둥머리가 있다. 독수리 같으나 동물학적으로 부정확한데, 왜냐하면, 독수리는 부패한 고기를 먹기 때문이다. 새들이 정면으로 보이고, 각각 새는 반쯤 열린 날개로, 그리고 그 다리들은 날개 아래로 연장하며 거대한 발톱으로 끝난다. 다리 사이에 괴물 주둥이의 길고 두꺼운 목이 있으며, 주둥이 크기와 다리들은 끔찍하다. 각 새는 주둥이와 발톱으로 몸부림친다. 관람자에게 충격과 공포를 전하려는 것으로, 새가 악의적 상황으로 묘사된 것은 매우 드물다. 이것은 상징 새가 아니고 성경을 설명한다. 세상 종말을 알리는 요한계시록(8:13) 묘사는 북스페인 교회 기둥머리에 빈번하다. 에스겔은 바빌론의 악의를 두 마리의 새를 통해 비난했다: "내가 또 보고 들으니 공중에 날아가는 독수리가 큰 소리로 이르되 땅에 거하는 자들에게 화, 화, 화가 있으리로다 이 외에도 세 천사의 불, 나팔소리를 인함이라 하더라."[57] 성 요

---

57 As I watched, I heard an eagle that was flying in midair call out in a loud voice: "Woe!

한은 경고하기를, 심판이 이교도 세상에 임박하고 있다. 초기 예언을 한 에스겔의 재현이다.

얽힘 새

바르셀로나 남쪽은 "새 카탈루냐"로 명명, 12세기 후반까지 모슬렘 무어족의 지배를 받았고, 재정복을 따르는 수십 년간 수많은 교회가 세워졌다. 대부분 로마네스크 후기 스타일로 새들이 많이 등장한다. 베르두의 작은 교회에서 인터레이스 모티프가 오른쪽으로 확장하며 새 다리를 얽혀 기둥머리와 직면한다. 팔을 올린 조그만 모습도 보인다. 인터레이스 의미들의 한 해석은 "하느님 창조의 일치"이다. 팔 올린 모습은 기도하는 인간 혹은 세계를 지원함이다. 어쨌든, 전체 이미지는, 새는 선의 상징으로 하나님 세계와 친밀히 연결한다. 하나님 창조는 인터레이스를 통해 새와 묶고, 작은 모습은 지은 죄에 대한 용서를 구하는 기도의 인간이다. 이 조각은 교회 문을 지나는 신자들에게 하나님 율법을 지키라는 적절한 알림이다.

한마디로 로마네스크 건축 조각에 장식의 목적은 하나님 창조의 다양성과 아름다움을 전시하는 것이다. 따라서 합리적 해석을 거부하는 새들은 장식용이다. 예로, 11세기 콩키 회랑의 서쪽 문 아치이다. 또 산타 유혜니아 데 베르가 아치에는 섬세한 잎들에 새들이 담

Woe! Woe to the inhabitants of the earth, because of the trumpet blasts about to be sounded by the other three angels!" (Revelation 8:13)

겨 있다. 물론, 새들의 종을 식별함은 가능하지 않으며 여러 형태가
나타남은 새의 장식성을 확신한다.

상징을 설명하는 생존 텍스트가 없고, 동물 우화집들은 초기 문서와
기록된 설명들의 집성으로 수 세대 동안 오류가 흘러 들어가 복합
될 수 있다. 이 점에서 로마네스크 건축 조각의 상징성에 중요성을
제안할 뿐 아니라 동시에 지금까지의 해석에 많은 추측을 남긴다.

로마네스크 건축 조각 동물 이미지[58]

로마네스크 양식의 동물 표현은 일반적으로 인정되는 것보다 훨씬 더 풍부하고 조각의 중요한 부분을 차지한다. 로마네스크 시대에 동물 이미지는 아주 풍부하고 다양하다. 처음에는 로마네스크 양식이 매우 원시 예술로 보인다. 12세기 사회에서 동물의 중요성은 사냥이나 경제에 관련되어 참고로 동물 이미지를 풍부하게 표현할 수 없었다. 로마네스크 양식에 동물 표현의 다양성과 강함을 파악하려면 로마네스크 작품에서 충분한 거리를 두고 동물의 다양한 의미, 용도 및 특성들을 고려해야 한다. 해석의 보편적 방법을 미리 인정하지 않고 동물 이미지를 바라보기 위해서이다.

로마네스크 양식 조각은 본질에서 종교적으로 보인다. 조각들이 교회 건물, 특히 승원 건물에 있어 모든 동물의 상징 의미에서 종교 의미를 찾는 경향이 무엇인가? 모든 동물 표현과 연결되는 텍스트를 쉽게 찾을 수 있는 풍부한 텍스트가 있으므로, 동물 이미지를 관찰할 때 그러한 접근에 의문을 갖게 한다. 중세 시대는 성경에서 이미 물려받았으며 성인들의 삶에 관한 가장 오래된 문헌, 수천 가지 동물에 대한 언급을 형성한다. 이 원본의 일러스트레이션은 한 인

---

58 본문은, 예술 사학가 샤피로 메이어가 2006년 쓴 『로마네스크 건축조각(Romanesque Architectural Sculpture)』에서 발췌하였다.

간을 쉽게 무시하고, 다른 인간은 텍스트를 넘어서 로마네스크 특징을 여전히 느끼는 동물 형태의 많은 것을 설명한다. 예로, 고대부터 모든 포털과 출입구의 사자는 힘의 모습이다. 때로는 그런 기분을 가지지만 필수적으로 악을 멀리하도록 고안된 것은 아니다. 사자는 성, 교회, 개인 집이든 그 장소를 소유한 기관이나 개인 권력에 힘의 상징이다. 힘의 상징으로 사용하면 사자의 빈번한 숫자와 교회 포털에 있는 강력한 생물을 봉건 중세의 전형적인 표현으로 이해해야 한다. 힘, 압도성. 막스(Marx)는 중년 시대를 "영적 동물 세계(das geistige Tierreich)"라 불렀다. 영의 세계가 외형적으로 표현되었을 때, 그것은 동물성과 강제력에 관한 것이다.

문학뿐 아니라 종교적, 민간 텍스트에 기록된 사자와 권력의 연관성은 특히 사자가 어떤 고대 무덤의 수호자가 아닌 점에서 분명하다. 거기 묻힌 개인 계급을 상징한다. 스페인 공주 우락카의 무덤에서 11세기 마지막 몇 년 동안, 공주와 가족의 한쪽 면으로 천사에 의해 천국으로 운반된 영혼의 조각이다. 다른 쪽에는 말 탄 기사들이 서로 싸우며, 그리고 삼손으로 밝혀진 모습이 사자 턱을 부순다. 삼손은 그리스도의 형상이나 유형이 아니다. 같은 두 기사의 삼손과 사자에 삼손의 같은 그룹은 클루니회의 사립 건물 아치와 스판드렐에 보존되었다. 그러므로 그것은 귀족 계급과 권력의 표현을 위한 다소 전형적인 형태이다.

로마네스크 양식의 동물 이미지에서 놀라게 하는 첫 대상물 중의 하나는 왕권 또는 신성한 인물이 강력한 사자들이나 황소들 위에 서 있는 히타이트(Hittite) 고대 동양에서처럼, 존재, 힘의 정적 인물이 아니라는 것이다. 로마네스크 사자는 그의 폭식을 현실화하는 것으로 보인다. 인간을 깨물고, 그 몸을 찢어버리는 것 같다. 이 위협은 조각에서 실행되었다. 현실화의 취향은 로마네스크 발명이 아니다. 고대 동양 예술가나 그리스 예술가들과 비교할 때 로마네스크는 현실의 다른 정신, 희생자에 대한 인식, 힘을 가능한 한 완전히 실현하고자 하는 욕망, 혹은 동물의 파괴적인 힘을 보여준다.

…

압도적이고 제약받지 않은 폭동과 큰 턱이나 입의 우열성이 동물 모습의 중심임을 제외하고, 로마네스크 동물 이미지의 둘째 특징은 방해받는 힘-좌절된 힘- 주제로 얽힌 동물이다. 로마네스크 예술은 방해받고 얽힌 동물 이미지를 더 많이 만들어내었다. 수이락 기둥의 트루모우가 고전적인 예이다. 수직 기둥에 동물들이 하나씩 차곡차곡 올려지며 쌍으로 배치되었다. 기둥 축에 놓여 있는 희생자들을 공격하는 동물들은 옆에 조그만 기둥 주위에 비틀어지고, 충동적 행동으로 이 기둥들을 변형시키고, 뒤틀리고, 뒤로부터 희생자들을 잡는다. 희생자의 인접한 대상물에 중앙 대상물의 통상적 대면과 대조적이다.

…

마지막 로마네스크 특성은 동물 자체가 스스로 물어뜯는 것, 자신을 먹어치우는 동물이나, 자신의 몸으로 어렵고 종종 끔찍한 싸움에 종사하는 동물이다. 이것은 동물이 자신의 깃을 정돈하거나 자체를 긁는 형태이다. 그러나 로마네스크 양식에서 고전 미술, 이슬람과 비잔틴 예술에서 알고 있는 더 자연주의적 유형은 나선형과 자기 얽힘의 복잡한 패턴이 되었다. 그것은 또한 기둥의 임포스트

블록, 우리의 환상에 얽매이지 않는 종교적 주제의 마뉴스크립 여백에서 볼 수 있다. 적어도-당시 종교 상징주의 면에서- 종교 텍스트와 연관을 의미한다. 프랑스 모아삭 승원 회랑 기둥머리에 자선 행위로, 성 마틴이 거지를 위해 자신의 가운을 그와 나눈다. 위의 임포스트 블록에서, 그리핀에 의해 공격당한 사족 동물들은 그들 자신의 다리, 발목을 성나게 물면서 그들 스스로 대응한다.

Animal imagery in Romanesque sculpture

Romanesque animal representation is a much ricer, a more important part of the sculpture than is generally recognized. The animal imagery in Romanesque is so abundant, so rich, so varied that at first sight, Romanesque art appears to be an extremely primitive art. One cannot account or this richness of animal imagery by reference to the economy, to the importance of hunting or of animals in general in the society of the twelfth century. In order to grasp that great variety and intensity of animal representation in Romanesque art, one must look into the context, the various meanings and uses and, also, certain qualities that will appear if one has enough distance from the Romanesque works to look at the animal imagery without accepting in advance the usual method of interpretation.

The lion figures, then, on these portals, like lions on doorways everywhere form ancient times, are figures of power, figures of strength. They are not necessarily designed to keep away evil, although sometimes they do have that sense. But they are emblems of the power or the strength of the institution or of the individual who possesses that place, whether a castle or a church or even an individual home, a house. Such use of the lion as an emblem of force requires us, then, to ask to what extent the frequency of the lions, and the powerful creatures on the doorways of churches, are to be understood as typical expressions in feudal and medieval times of sheer strength, overwhelming force. Marx had called that period of the Middle ages "das geistige Tierreich," the spiritual animal kingdom — the time when the world of spirit was expressed outwardly informs which pertain to animality and to force.

The association of the lion, then, with power, which can be documented in many texts of literary as well as of a religious, civil kind, is particularly evident in tombs where the lion is not just a guardian of the tomb, as in certain ancient monuments; the lion is also an emblem of the rank of the individual buried there. On the tomb of the Spanish princess Urraca, of the last years of the eleventh century, besides the carving on one side of the princess and her family and of a soul being carried to heaven in a mandorla by angels, there are, on the other side, figures of knights on horseback tilting with one another, and a figure breaking the jaws of the lion, always identified as Samson. And probably it is Samson, but not because Samson is a prefigurement or type of Christ. The same grouping of two horsemen fighting and Samson on a lion is preserved over an arch and spandrel from a private house in Cluny. It is, therefore, a more or less typical form for the expression of noble rank and power.

One of the first things that strikes us in these Romanesque animal images is that the lion is not simply a presence, a static figure of power, as in the old Orient, in the HItite world, where royal or divine figures stand above powerful lions or bulls. But in the Romanesque, the lion is shown actualizing his voracity; he is shown crunching the human figure and tearing his body. The threat is executed within the sculpture itself. That taste for the actualizing is not a Romanesque invention, but compared to the ancient Oriental artists, or to the Greek artists, the Romanesque exhibits another spirit of reality, of awareness of the victim, and a desire to realize as fully as possible the power, or the destructive force, of the beasts.

...

Second important feature of Romanesque animal imagery, besides that of overwhelming and unconstrained voracity and the prominence of the great jaw or mouth as the central organ of the figure, is the theme of obstructed force — a force which is frustrated — and of the animal which is entangled. Romanesque art has produced more images of obstructed and entangled beasts than any other art that I know. The great trumeau, the pillar of Souillac, which you have seen several times already, offers the classic instance in Romanesque art. Here, on a vertical post, animals have been set up, mounted one above the other, but in pairs; and these animals, attacking victims which are set in the axis of the pillar, twist themselves around thin colonnettes at the sides, deform the colonnetttes in their impulsive action, twist around, and grasp their victims from behind; (all) that is in contrast with the usual confronting of the victim or of a central object by two flanking objects.

…

The last Romanesque feature that I wish to mention is that of the animal that bites itself, that is the animal that is self-devouring, or that is engaged in some difficult and often terrible fight with its own body this is a theme which ultimately goes back to more natural forms of the animal preening itself or the animal scratching itself. But in the Romanesque, the more naturalistic type, witch we know in classical art and in Islam and Byzantine art, becomes a complex pattern of spirals and self-entanglement. It is also found on impost blocks, on the margins of religious subjects which do not by any stretch of our fantasy imply—at least in terms of the calculi of religious symbolism of the time—a connection with the religious texts. There is at moissiac an act of charity, of Martin dividing his robe for the beggar—and above, on the impost block, these quadrupeds, who are attacked by griffins and themselves respond by biting, furiously, their own legs, their own ankles.

SEVEN

12세기 북스페인의 로마네스크 예술은 지역 예술가와 장인들에게 표현의 상당한 자유를 주어, 다른 지역, 특히 프랑스의 새로운 스타일과 모티프를 계속 흡수할 수 있었다. 카탈루냐의 몇 승원 공동체는 라 그라스, 세인트 빅터 마르세유, 세인트 루프 다르비뇽의 프랑스 승원들에서 신입 승려들을 맞았다. 이 승려들 일부는 새로운 개념을 가져왔고, 그들의 기여는 몇몇 새 교회의 평면도와 조각 프로그램에서 분명하다. 새로운 특징 중 하나는 교회 내의 외딴 채플 암블라토리이다. 그리고 돌 조각 기술이 향상됨에 따라 기둥머리, 창문 측면, 파사드와 포털에 더 많은 조각이 등장했다. 카탈루냐 포털은 상상력이 풍부한 장식 및 이코노그라피를 위해 숙련된 조각가를 찾았다. 리폴은 후자의 예이며, 지로나의 상 페레 데 갈리강트는 전자의 예이다.

새로운 프로그램이 가장 드러난 곳은 12세기 평범한 회랑을 위대하고 장식 회랑으로 바꾼 카탈루냐이다. 따라서, 카탈루냐와 프랑스 승원 회랑의 스타일과 이코노그라피의 연결은 명확한데, 랑그독의 상 퐁 드 토미에르를 포함한 툴루즈 교회들이 카탈루냐 조각가들에게 모델을 제공하였기 때문이다.

예로, 카탈루냐 상트 페레 드 로데스는 피레네산맥에 위치한 리폴의 왕조적 연결로 왕성해졌다. 12세기 후반 시작한 산타 마리아 데 코벳은 북카탈루냐 레이다에 위치하여 초기 교회 건축의 비지고딕 모티프가 어떻게 모방했는지 예를 보여준다. 산타 마리아 데 퀸타니야 데 라스 비냐스의 외관이나 상 페드로 디 라 나베의 실내에 나타난 비슷한 새, 동물 및 잎의 프리즈가 나타났다.

스페인 다른 지역의 12세기 교회들에 진화가 왔다. 루고, 오렌세, 뚜이에 대성당 혹은 승원 교회가 세워졌음에도, 방사 채플의 암블라토리를 가지지 않고 대신에 세 개의 평행하는 성역이다. 부르고스 북쪽의 데 바예요 데 메나와 북프랑스 보르도의 산톤즈는 후진을 가지며, 조각 기둥머리, 모딜리온과 장식 창문도 함께 따른다. 더하여, 산톤즈의 특징을 보여주는 것은 소리아의 산토 도밍고 파사드이다. 조각 기둥머리에 얹은 계단식 기둥 사이에 포털이 있고, 그 위에 팀파눔이 있다. 교회는 알퐁소 8세의 지시로 12세기 중반 세워졌다. 왕의 동상은 서쪽 포털 왼편에 위치하고, 영국 헨리 2세의 딸인 왕비 엘레노아는 오른쪽에 있다. 왕은 아키텐 가문 출신인 왕비 고향의 지역 스타일로 파사드를 주문하였다.

카탈루냐에 새 회랑의 중요성으로, 북스페인의 회랑이 새로운 기술, 영향 및 모티프의 표현을 위한 출구를 제공했다. 상 후앙 데 라 페냐, 산토 도밍고 데 실로스, 상 후앙 데 듀에로 및 산티야나 델 마르이다. 상 후앙 데 라 페냐 승원 회랑은 약 1190년 건축되었다. 돌출된 바위에 세워졌고 심하게 손상된 회랑은 부분적으로 재건되었다. 두 갤러리만 완성, 재건축에서 기둥머리들은 원래 장소나 순서대로 복원되지 않았다. 기둥머리는 두 그룹으로, 동물을 묘사하는 작은 그룹과 성경 장면을 조각한 20개의 큰 그룹이다. 첫 그룹은 11세기 말부터 시작, 툴루즈 상 세르낭 기둥머리들과 유사점을 보인다. 이들은 툴루즈와 같은 시기의 것들이다.

둘째 그룹은 12세기의 3/4분기 시작이다. 투델라 회랑 조각은 강한 성경 이야기를 전시한다. 매트레 데 상 후안 데 라 페냐로 알려진 조각가는 조각의 움직임을 감지할 수 있는 동양적 터치를 가진 독특한 스타일로 만들었다. 그가 우에스카의 상페드로 엘 비에요 근처의 산티아고 데 아귀에로, 사라고사의 엘 프라고, 비오타 및 상귀에사의 산타 마리아 라 레알에서 일한 사실이 증거가 된다. 이 교회들은 아라곤과 나바레의 국경 근처에 있다. 그리고 에레아 데 로스 카바예로스에서 조각가는 부르군디의 아발롱 교회 파사드와 비슷한 모델을 그린 것 같은데, 엘 프라고와 비오타의 기둥머리들에 나타난 하르피와 댄서이다. 댄서(아마 살로메)의 매혹적 자세는 툴루즈의 세인트 에티엔느 승원 회랑에서 질라베르투스가 만든 유명한 기둥머리를 상기시킨다.

산 후안 드 라 페냐는 아스투리아의 로마네스크 이전 양식과 연결한다. 교회 북쪽에는 두 열의 조각을 전시한 안마당이 있다. 형식은 산타 마리아 데 나란코의 본당과 비슷하다. 산토 도밍고 데 실로스는 프랑스 로마네스크를 소개하여 11세기의 토착 양식에서 12세기의 토착 양식으로 전환하는 예이다. 교회는 18세기 파괴, 대체되었지만, 회랑 아래층과 회랑에서 교회에 이르는 푸에르타 데 라스 비르젠느 문은 로마네스크 양식이다. 교회 측의 문은 모즈아랍 스타일의 독특한 말굽 모양을 나타낸다. 회랑 아래층에는 64쌍 조각 기둥머리가 있고, 모서리 기둥에는 큰 조각 패널이 있다. 이 시기, 프랑스에서 널리 보급된 스타일과 이코노그라피에 직접 영감받은 두 조각가의 작품이다. 북쪽과 서쪽 갤러리는 비잔틴이나 동양 스타일에서 파생된 특성 조각으로, 동물 기둥머리에서 특히 그렇다.

소리아에서 듀에로 강으로 이어지는 길에는 작은 교회와 폐허가 있는 회랑을 숨기는 높은 벽이 있다. 상 후안 데 듀에로는 한때 템플라 기사단(Knights Templar)의 지휘 본부이다. 회랑은 세 가지 특징을 가진다. 모퉁이 세 곳에 독특한 입구가 있으며 그중 두 개는 모즈아랍식이다. 아케이드는 세 가지 스타일로 남쪽, 동쪽과 서쪽 갤러리 일부분은 로마네스크 시대의 노르망디와 영국에서 흔한 연결 아치이다. 동쪽 갤러리 나머지 부분과 북쪽 갤러리 일부에는 벽에 반쯤 묻힌 기둥 그룹을 떠받치는 둥근 아치들이 있다. 나머지(북쪽과 서쪽 갤러리 일부)에도 둥근 아치들에 놓인 기둥머리와 기둥 쌍이다. 이 마지막 두 그룹은 남서 프랑스의 로마네스크 회랑에서 볼 수 있는 전형이며, 연결 갤러리는 이슬람 또는 비잔틴에서 영감을 얻었다. 기둥머리는 세 가지 유형이다. 대대수는 고딕 양식을 예고하는 잎을 묘사, 나머지는 괴물의 쌍과 인터레이스 패턴으로 구성된다.

회랑의 넷째 집합은 산티야나 델 마르에 있다. 오늘날 교회와 회랑은 초기 모즈아랍 교회를 대체한다. 12세기에 지어졌고, 회랑은 교회 북쪽에 있다. 가장 오래된 갤러리는 남쪽에 있으며, 본당과 접해 있다. 12세기 후반이고, 나중에 두 개의 고딕 양식의 구획으로 재건축되었다. 나머지 세 개의 갤러리는 12세기 말 지어졌다. 조각 기둥머리는 49개로, 남쪽 갤러리에는 성경과 세속 장면을 보인다. 서쪽 갤러리에서 성경을 설명하는 기둥머리들은 잎이나 인터레이스를 가진 기둥과 번갈아 나타난다. 나머지 기둥머리는 잎 또는 인터레이스이다. 이곳 영향은 거의 전적으로 프랑스이며 토착 양식은 거의 사라졌다. 이코노그라피는 남서 프랑스의 툴루스, 모아삭 또는 아쟁의 조각가들에게 익숙한 것이다. 스타일은 툴루스의 라 두라드 회랑 기둥머리에 나타난 인터레이스 잎, 동물과 인물이다.

산토 도밍고 데 실로스

Santo Domingo de Silos, Silos

산타 도밍고 데 실로스 승원 회랑에서

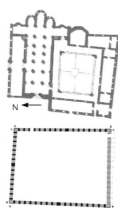

산토 도밍고는 북스페인 실로스 마을의 베네딕토회 승원이다. 승원은 11세기 성 도미니크 실로스의 이름을 딴 것으로 로마네스크 회랑과 그레고리오 성가로 유명하다. 건물은 7세기 비지고딕 시대로 거슬러 올라가며, 10세기 산 세바스티안 데 실로스라 불렸다. 1041년 카스티야-레온의 페르난도 대왕이 승원 재건에 산토 도밍고 (c. 1000~1073)를 대승원장으로 지명하였을 때 현재의 이름을 얻게 되었다. 그는 교회의 후진과 트란셉에 부착된 두 양쪽 통로와 다섯 채플의 본당을 가진 교회를 설계하였다. 산토 도밍고의 사망 후 교회와 회랑은 대승원장 포푼니우스가 맡아 나머지 건축을 완성했다. 교회와 회랑은 원래의 로마네스크 회랑을 남겨두고 1700년대 교체되었다. 1835년 스페인의 다른 승원들과 함께 문이 폐쇄되었지만 1880년 프랑스 솔렘의 베네딕토회 승려들이 옛 회랑을 구하려 정부로부터 재거주 허가를 받았다. 그 후 교회는 신고전주의 건축가 밴투라 로드리게에 의해 재건되었다.

회랑은 승원에서 유일하게 남은 로마네스크 양식이다. 직사각형으로 남, 북 갤러리는 16개 반원 아치를 가지고 동, 서 갤러리는 14개 반원 아치가 있다. 아래층은 11세기 마지막 분기에 시작하고 12세기 후반에 완료되었다. 날짜는 1073년 사망한 산토 도밍고의 비문이 북 갤러리 기둥머리에 나타난다. 회랑은 1088년 9월 29일 봉헌되었다. 회랑 위층은 12세기에 완성, 역시 조각 기둥머리와 렐리프 파넬을 가진다.

회랑 아래층의 동과 북쪽 일부의 기둥머리는 산토 도밍고의 사망 후 즉시 지명된 조각가의 3년 작업으로 같은 워크숍이다. 안쪽 모서리에 상징적인 교각 렐리프는 1100년대 중반의 것으로, 조각가

중 한 명은 프랑스 툴루즈 근처의 상 피에르 모아삭 승원 조각을 책임졌던 조각가이다. 대승원장 포푼니우스는 북 갤러리와 본래의 서 갤러리의 건축을 담당했고, 두 갤러리의 완성 후, 그는 산토 도밍고의 순례로 회랑 건설을 중단했다. 더하여 1109~1120년 정치적, 경제적 어려움으로 수십 년간 공사가 중단되어, 서, 남 갤러리 기둥머리들은 동, 북 갤러리들의 것과 다른 스타일이다. 둘째의 워크숍에 고용되었음을 의미한다.

작업이 1158년에 재개되었다. 남 갤러리가 곧 완성되었고, 새로 재건된 서 갤러리가 회랑의 마지막 부분이었다. 서 갤러리가 완성되기 전, 회랑 위층을 만들 계획이 세워졌다. 회랑의 각 모서리는 6피트 높이의 네 교각과 각 갤러리를 점령하는 쌍 기둥으로 구성한다. 각 갤러리는 중간에 네 기둥 그룹을 만든다. 쌍 기둥은 한 기둥머리를 공유하며, 장식은 성경 이야기, 동물, 잎, 추상 디자인을 포함한다. 아래층 조각 스타일이 위층의 것보다 더 훌륭하며, 로마네스크 조각의 걸작이다.

다음은 회랑에 나타난 동물기둥머리들을 소개한다.

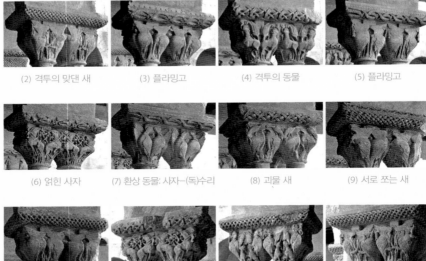

(2) 격투의 맞댄 새   (3) 플라밍고   (4) 격투의 동물   (5) 플라밍고

(6) 얽힌 사자   (7) 환상 동물: 사자–(독)수리   (8) 괴물 새   (9) 서로 쪼는 새

(10) 날개 달린 가젤   (13) 얽힌 사자   (14) 하르피와 사자   (15) 서로 쪼는 새

북 갤러리

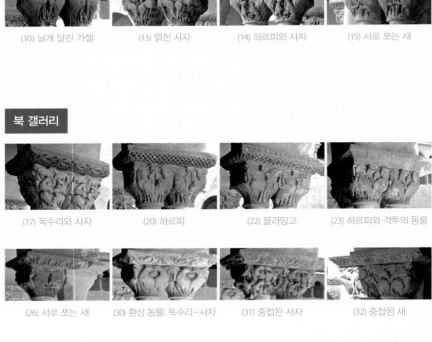

(17) 독수리와 사자   (20) 하르피   (22) 플라밍고   (23) 하르피와 격투의 동물

(26) 서로 쪼는 새   (30) 환상 동물: 독수리–사자   (31) 중첩된 사자   (32) 중첩된 새

(34) 맞댄 새

(35) 플라밍고

(36) 중첩의 새와 사자

(38) 그리스도와 동물

(39) 날개 달린 개

(41) 맞댄 하르피

(45) 짝 진 하르피

(47) 얽힌, 날개 가진 그리핀

(48) 날개 달린 용

(50) 생의 나무를 먹는 새

(52) 얽힌 사슴

(55) 켄타우루스

(56) 하르피

(57) 하르피를 사냥하는 인간

(58) 토끼를 먹는 매

(61) 생의 나무를 먹는 새

(62) 켄타우루스

(64) 얽힌, 날개 달린 그리핀

산티야나 델 마르

Colegiata de Santa Juliana, Santillana

산티야나 델 마르(산타 훌리아나 대학) 교회는 스페인 로마네스크 양식의 훌륭한 작업으로 산타 훌리아나의 유골을 보관하기 위해 세워졌다. 그녀는 기독교 믿음을 포기하지 않아, 304년 남편이 될 자에게 죽음으로 고문당했다. 대부분 건축물은 12세기에 유래하지만, 교회는 이미 9세기 산타 훌리아나의 유물을 소장한 승려들에 의해 세워졌다. 13~14세기 추가가 가해졌다. 교회는 세 개의 본당을 가진 바실리카 플랜으로 약간 넓으며, 반원형 후진이 있다. 남쪽 파사드에 둥근 탑이 세워졌고 옆에 벽 돌출부의 포털이 있다. 포털은 칸타브리아 예술에서 가장 잘 알려진 이미지 중의 하나이다.

회랑은 본당의 북쪽에 부착되며 12세기 말에서 13세기 초에 건설, 에르모 교회의 등록이 1203년임을 참고한다. 일부 학자에 의하면, 회랑은 에르모의 포털과 관련 맺는다. 남쪽 갤러리 기둥머리 두 개는 용과 말 위에 탄 전사의 싸움, 그리고 대항하는 치열한 사자를 죽음으로 몰아치는 전사로 에르모 포털의 팀파눔과 유사하다. 따라서, 에르모 팀파눔과 산티야나 기둥머리들은 같은 워크숍이라 말할 수 있다.

회랑은 불규칙한 사변형에 북, 서, 남 갤러리에 43기둥머리들이 분포되었다. 동 갤러리는 16세기에 완전히 개조하여서 한 기둥머리를 제외하고 로마네스크 유적을 보존하지 않는다. 세 개의 보존된 갤러리는 둘 혹은 네 기둥의 그룹이다. 역사적 기둥머리들은 남 갤러리에 집중되고, 북과 서 갤러리는 대부분 식물과 동물 주제이다. 회랑은 1905년 후안 바우티스타 라자로의 지시 아래 재건되었다.

(쌍8) 새   (쌍12) 고양이   (쌍14) 원숭이, 켄타우루스   (쌍15) 가축? 그리핀

남 갤러리

(SO) 뱀   (쌍1) 가축을 공격하는   (쌍2) 용   (쌍3) 고양이, 개, 말, 독수리
늑대(사자)

(쌍5) 사자와 삼손-다비드   (쌍8) 사자와 다니엘

승원 교회는 스페인 에스타니에 위치한다. 1133년 11월 3일 타라고나 대주교 올레게, 빅의 주교 라몬 고우프레드, 그리고 지로나 주교 베렝게르 달마우에 의해 봉헌되었다. 회랑의 조각 작업은 12세기 말(북 갤러리)~13세기 중반으로 카르도나 집안의 기사 방패 조각이 나타난 남 갤러리 기둥머리의 날짜에서 추정한다. 교회 남쪽에 위치한 회랑은 사각 평면과 네 갤러리를 가지며, 각 갤러리는 아치를 지탱하는 아홉 쌍의 가벼운 기둥으로 구성된다. 구석에 단순화된 식물 기둥머리를 받치는 다섯 기둥 그룹이 있다.

성경과 역사적 재현이 담긴 기둥머리들은 교회와 연결된 갤러리 북쪽에 집중되었다. 그리스도의 어린 시절, 공공 생활과 수난, 아담과 이브, 성 미카엘의 영혼을 저울로 재기, 종말론 장면을 담은 일곱 기둥머리이다. 나머지 기둥머리들은 식물 장식, 사자 또는 그리핀 등등의 동물이다.

동, 서 갤러리에는 식물과 동물(사자, 새) 장식이 지배하고, 성 수태 고지도 볼 수 있다. 북 갤러리에는 매력적인 춤, 사랑 구애와 관련된 에피소드로 도덕적 의도(욕망 암시?), 돼지 도살 같은 거친 장면이다. 남 갤러리는 기하와 식물 장식이며 유일한 역사 재현은 주교의 성전 봉헌이다. 방패에 카르도나 가족 문장, 양을 공격하는 맹금류와 산재한 이코노그라피도 발견된다.

다섯의 다른 작업을 구별한다. 북 갤러리 내부의 역사 기둥머리, 동 갤러리의 대부분 역사 기둥머리, 그리고 남 갤러리의 한 기둥머리이다. 기둥머리 중 일부는 미완성이거나 본래의 배치는 현재와 다르게 생각된다. 아마 1395년 올로 주민의 반란과 1448년 지진에서 승원 일부 및 회랑의 파괴 후 수행된 재건 탓일 것 같다. 프랑스의 엘느와 스페인 세인트 펠릭스 데 지로나의 기둥머리들과 관련 있다.

(쌍1) 동물 / 동물

(쌍2) 양과 맹금류

(쌍3) 사자와 공작 / 새

(쌍4) 사이렌, 늑대?

(쌍6) 새

(쌍9) 사자 / 사자

북 갤러리

(쌍1) 그리핀, 동물, 뱀

(쌍3) 사자

(쌍4) 그리핀

(쌍5) 그리핀

(쌍6) 그리핀, 동물

(쌍7) 동물

(쌍9) 사자

263

서 갤러리

(쌍2) 개, 동물과 그리핀

(쌍3) 사자

(쌍5) 환상 동물 /
토끼, 매, 사자, 숫양, 돼지

(쌍8) 당나귀, 인어 / 사자, 그리핀

남 갤러리

(쌍2) 토끼, 맹금류

(쌍3) 사자와 수탉 /
사자, 그리핀, 사슴

(쌍7) 새에 공격당한 양

(쌍8) 사슴, 말

상 페레 데 갈리강트

Sant Pere de Galligants, Girona

승원은 스페인 지로나에 위치하며, 회랑 기둥머리의 조각은 지로나와 상 구갓의 것과 연결된다. 교회 남쪽에 위치하며 불규칙한 사변형으로, 각 갤러리 중심에 다섯 기둥머리 그룹과 기둥 쌍으로 60 기둥머리가 있다. 기둥머리 숫자는 불규칙하다. 북, 남쪽에는 17개, 동, 서쪽에는 13개이다. 안마당을 향한 기둥머리들은 식물 장식, 인물 또는 역사 요소로 갤러리를 바라보는 쪽에 있다. 서 갤러리의 역사 기둥머리의 주제는 그리스도의 어린 시절에 초점을 둔다. 이곳에서 정점은 이중 꼬리가 달린 물고기의 인어, 댄스, 주교가 나타나는 기둥머리이다. 회랑에서 가장 대표되는 동물은 사자로 일곱 기둥머리에 재현되었다.

서 갤러리

(쌍1) 그리핀　　(쌍2) 동물　　(쌍3) 사이렌　　(쌍4) 사자와 동물　　(쌍5) 사자

(쌍1) 사자 / 사자　　　　(쌍2) 사자　　(쌍4) 독수리　　　(쌍7) 사자

(쌍1) 사이렌　　　(쌍3) 독수리　　　(쌍5) 사자

(쌍1) 사자　　　(쌍6) 동물　　　(쌍7) 사자

상 구갓 델 발레스

St Cugat del Valles, Barcelona

승원은 스페인 바르셀로나 지역에 위치하며, 회랑은 1190년에 세워졌다. 회랑 각 갤러리의 18쌍 기둥에 144기둥머리가 분포되었다. 두 단계를 볼 수 있다. 첫 단계는 북, 동, 서 갤러리가 먼저 건설되었고, 얼마 후 둘째 단계에 남 갤러리이다. 첫째는 아르타우 카델의 조각으로, 그는 동 갤러리 기둥머리 1에 모습을 드러내며, 북 기둥에 그가 쓴 비문이 있다. 회랑 기둥머리들의 수행은 지로나 회랑과 상 페레 데 갈리강트와 산타 마리아 데 만레사 포털의 워크숍이다. 이 워크숍은 툴루스 다우라다의 셋째 워크숍과 관련 있다.

(쌍4) 토끼를 쥔   (쌍5) 사이렌-   (쌍6) 새   (쌍7) 수탉   (쌍8) 용
독수리 / 새   용 꼬리를 가진 새

(쌍11) 사자   (쌍13) 새   (쌍14) 새 / 용   (쌍15) 그리핀   (쌍16) 사자   (쌍18) 용

(쌍1) 새　　(쌍2) 사냥　　(쌍3) 격투　　(쌍5) 새　　(쌍7) 새

(쌍8) 황소 공격의　(쌍10) 동물 /　　(쌍11) 용　　　　(쌍13) 새
　　그리핀　　　　그리핀

(쌍15) 새　　(쌍17) 사자

서 갤러리

(쌍1) 동물　　(쌍4) 용　　(쌍5) 새　　(쌍6) 양　　(쌍11) 사자와 삼손

(쌍12) 용　　(쌍13) 개와 양　　(쌍15) 새　　(쌍16) 사이렌－물고기　　(쌍18) 사자

남 갤러리

(쌍1) 사자와 다니엘　　(쌍2) 새　　(쌍3) 새　　(쌍5) 사자　　(쌍6) 새

(쌍7) 용　　(쌍8) 새　　(쌍9) 빵과 물고기

(쌍11) 토끼 잡는
켄타우루스　　(쌍12) 사자 / 새　　(쌍13) 새　　(쌍18) 용

271

상트 울라리 에 상트 줄리

Sainte Eulaie et Sainte Julie, Elne

프랑스 루실롱 가까운 엘느에 위치하는 성당은 1069년에 세워졌다. 회랑은 교회 북쪽에 위치, 불규칙한 사변형과 갤러리로 8쌍 기둥 사이에 64기둥머리가 분포되었다. 모든 갤러리에 균일한 구조 및 반원 아치의 사용은 전체의 단일성을 선호한다. 유일한 로마네스크 양식은 남 갤러리이고, 나머지는 고딕이지만 미학과 로마네스크 양식을 존중하여 남 갤러리의 주제들을 재생하였다. 엘느 회랑은 스페인 쿡사와 세라본 승원들과 미학과 주제를 연결하지만, 코르넬라 데 콘플렌트 포털과 가장 밀접하다. 같은 워크숍이다. 남 갤러리는 12세기 후반 늦게, 북과 서 갤러리들은 13세기 중반, 동 갤러리는 14세기 중반이다.

남 갤러리의 기둥머리 3의 비문은 인상 깊다:

> 형제가 사는 곳에 구원을 보라, 형제가 연합하여 살 때 얼마나 좋고 쾌적한가.
>
> ECCE SALUTARE PARITER FRATRES HABITARE / ECCE QUAM BONUM ET QUAM IOCUNDUM HABITARE FRATRES IN UNUM
>
> BEHOLD THE SALVATION WITH brothers dwell / How good and pleasant it is when brothers dwell in unity.

동 갤러리

(쌍4) 사자

(쌍5) 사자

(쌍6) 새

(쌍7) 새, 숫양

(쌍8) 사이렌

북 갤러리

(쌍1) 그리핀 / 사자

(쌍4) 4족 동물?

(쌍6) 암소 / 암소

(쌍7) 사자

(쌍8) 그리핀

(쌍1) 그리핀

(쌍2) 사자

(쌍3) 사자

(쌍4) 그리핀

(쌍5) 사자

(쌍7) 사자

(쌍8) 새

(쌍1) 그리핀

(쌍2) 사자

(쌍3) 사자

(쌍4) 숫양

(쌍5) 사이렌 / 하르피

(쌍6) 뱀

(쌍8) 새

용어 해설

맨드레이크

맨드레이크(mandrake, 라틴명 mandragora)는 대플리니우스와 피에르의 긴 버전을 제외하고 모든 텍스트에 언급되었다. 신체 묘사는 필립 드 타운의 것으로, 인간 모습이다. 암컷은 상춧잎 모양, 수컷은 사탕무잎 같다. 맨드레이크는 개에 의해 뽑혀야 하는데, 이 식물의 울부짖음을 듣는 자는 죽기 때문이다. 의학에 귀중한 것으로 죽음 외의 모든 치료를 돕는다. 맨드레이크 의미는 이미 코끼리와 관련해 주어졌다. 항상 선과 악을 아는 지식 나무이거나 그 열매의 대표이다.

불 돌

불 돌(fire stones, 라틴명 lapides igniferi)은 대플리니우스, 이시도르 그리고 제베즈 서술에서 발견되지 않는다. 다른 텍스트들에서 불 돌은 장소, 기본 속성과 의미에 완전히 동의한다. 상 빅토르에 의하면, 불 돌은 동양의 산에서 발견된다. 그리스어 "chirobolos"에서 유래, "한 줌"의 의미이다. 불 돌은 암, 수컷이 있고, 분리하면 불타지 않는다. 함께하면 즉시 불꽃을 일으켜 주위의 모든 것을 태운다.

필립 드 타운에 의하면, 불 돌은 남자와 여자이다. 가깝게 두면 사랑으로 불타고 띄어놓으면 유혹이 없다. 그 이유로 승려와 수녀들을 분리한다. 마귀는 여자의 수단으로 남자에게 오는데, 여자는 교활하여 마귀의 입구이다. 아담, 솔로몬, 다비드, 삼손 모두가 여자에게 속았다.

다이아몬드

모든 텍스트 중 다이아몬드(diamond, 라틴명 adamas)는 제베즈의 저술에서 발견되지 않는다. 상 빅토르는 『생리학』을 인용, 이것은 동양에서 밤에 발견된다. 낮에는 반짝이지 않는데 태양 빛으로 어두워지기 때문이다. 다이아몬드는 금속, 불, 다른 돌로 부술 수 없고, 염소 피로 부드럽게 한다. 녹슨 컬러 크리스털의 찬란함으로 부드럽다. 그리스 이름으로 "adamas"로 힘을 준다는 뜻이다. 자석의 속성으로 다른 돌을 끌어당기며, 호박의 독을 제거한다.

다이아몬드의 의미에 관해 상 빅토르에 의하면, 다이아몬드는 그리스도이고, 조그만 다이아몬드는 성인이다. 산은 그리스도. 온종일 반짝이지 않음은 그리스도는 강생으로서 그의 천상의 덕을 젖혀두었다. 어둠 속에 빛남은 그리스도는 세상의 빛이다. 인간에게로 내려와 죽음의 그림자와 어둠 속에 앉았다. (이사야 9:2)[59] 참회자나 동물도 그에 대항하여서 이기지 못한다.

미제리코드

중세기 성당에 설치 된 미제리코드(misericord)는 특수한 기능을 가진다. 중세기의 승원 규율에 따르면, 승려들은 하루 여러 번 성스러운 장소를 주시해야 한다. 따라서 그들은 교회 건물 안에서 있기가

---

59 흑암에 행하던 백성이 큰 빛을 보고 사망의 그늘진 땅에 거하던 자에게 빛이 비취도다. The people walking in darkness have seen a great light; on those living in the land of the shadow of death a light has dawned. (Isiah 9:2)

요구되는데 바로 성가대에 놓여 있는 개인 성직자석이다. 그러나 노인이나 아픈 승려는 오래 서 있기 힘들어 성직자석은 승려들이 기댈 수 있는 조그만 선반을 만들어, 승려들이 서 있는 것처럼 보이나, 그들을 앉게끔 한다. 미제리코드는 "자비의 좌석"으로(라틴어로 자비 "misericordia") 성직자석 의자 아래에 부착되어 세우거나 내릴 수 있고, 오직 의자를 일으켰을 때 보인다. 최초 미제리코드는 11세기경으로 이것은 16세기까지 생산하였다. 영국에서 가장 인기를 끌었지만, 북유럽 전체에서 발견된다. 영국 미제리코드는 헨리 8세의 승원 해산 동안 파괴, 제거되었으나 많은 것이 남아 있다.

최초 미제리코드는 단순한 선반으로 장식이 없으며, 나중의 것은 여러 종류의 이미지와 장면으로 새겨졌는데, 동물 우화와 다른 이미지들이 특히 인기였다. 보통 참나무 통째로 의자 양 끝에 부착했다. 승려는 양편에 조각된 의자 팔걸이에 손을 놓는다. 가장자리의 조각은 종종 중심 조각과 연관되나, 자주 다른 주제로 분리된다.

조각은 내용과 특질에서 다양하다. 주제는 식물 장식, 이야기나 알레고리 성경, 동물 우화, 일상생활, 교회 서기의 풍자, 괴물과 그로테스크, 세속적이고 심지어 모욕적 사랑의 장면이다. 주로 동물로 『생리학』이나 동물 우화집에서 직접 가져왔으며, 자주 비유적이다. 동물 우화가 알려진 이후, 미제리코드의 조각 얼마는 동물 초상으로 알레고리를 제시, 즉 동물의 인정된 특징을 전시한다. 예로, 머리빗과 거울을 가진 인어는 허영의 죄를 경고하는 것, 사자와 용의 전투는 기독교(사자)와 마귀(용)의 전투로 해석된다.

몇 조각은 직접 동물 우화집에서 복사되었고, 그 외는 조각가의 상상이다. 대부분 스타일화되고 주어진 공간에 적절히 정렬되었다.

사기꾼 여우 이야기는 가장 인기 있는 출처로, 교활한 여우의 모험과 몰락이 여러 미제리코드에 보인다. 동물 이미지의 추가 출처는 일상생활 장면으로 가축도 포함된다. 고전 신화, 알렉산더 대왕의 동양 이야기, 성경으로 사자 굴에 다니엘과 삼손의 사자와 싸우기 등이다.

참고문헌

Aesop, Olivia & Robert Temple (trans) (1998). *Aesop: The Complete Fables*. London: Penguin Books.

Allen, Margaret, B. Rowland & A. Adamson (1984). *Bestiary*. Winnipeg: St. John's College Press.

Allen, Romilly (1887). *Norman Sculpture and the Medieval Bestiaries*. London.

Allsopp. Bruce (1971). *Romanesque Architecture*. London: Arthur Barker Limited.

Arthur H. Collins, M. A. (1913). *Symbolism of Animals and Birds Represented in English Church Architecture*. New York: McBride, Nast & Company.

Asua Campos, Miguel (1934). *Santillana del Mar, romántica y caballeresca* (2006 edición). Valladolid: MAXTOR.

Augustine of Hippo (1972). *City of God*. (trans) H Bettenson. Middlesex: Penguin Press.

Badke, David. *The Medieval Bestiary: Animals in the Middle Ages*. www.bestiary.ca.

Baltrusaitis, Jurgis (1931). *Les Chapiteaux de Sant Cugat del Valles*. Paris: Leroux.

Barber, R. (trans) (1992). *Bestiary (ms Bodley 764)*. Boydell Press.

Barney, Stephen A. (trans) (2006). *The Etymologies of Isidore of Seville*. Cambridge: Cambridge University Press.

Baxter, Ronald (1998). *Bestiaries and Their Users in the Middle Ages*. Sutton Publishing.

Beer, Jeanette (2003). *Beasts of Love: Richard de Fournival's Bestiaire d'amour and the Response.* Toronto: University of Toronto Press.

Benton, Janetta R. (1992). *The Medieval Menagerie: Animals in the Art of the Middie Ages.* Abbeville Press.

Berlioz, Jacques & Marie Anne Polo de Beaulieu (ed) (1999). *L'animal Exemplaire au Moyen Âge (Ve- XVe Siècles).* Rennes: Presses Universitaires de Rennes.

Bianciotto, Gabriel (1980). *Bestiaires du Moyen Age.* Paris: Stock.

Blacker, Thetis & Jane Geddes (1994). *Animals of the Imagination and the Bestiary.* Aldeburgh: Britten-Pears Library.

Blanc, R. & A. (1998). *Les Symboles de l'Art Roman.* Edns du Rocher.

Borg, Alan (1972). *Architectural Sculpture in Romanesque Provence.* Oxford University Press.

Boto Varela, Gerardo & José Luis Hernando Garrido (2003). *Claustros románicos hispanos.* Edilesa.

Bovey, Alixe (2002). *Monsters and Grotesques in Medieval Manuscripts.* Toronto: University of Toronto Press.

Cabanot, Jean (1987). *Les debuts die la sculpture romane dans le sud-ouest de la France.* Paris: Picard.

Campuzano, Enrique Ruiz (ed) (2001). *Santillana del Mar, la Villa y los pueblos.* Ayuntamiento de Santillana del Mar.

Charbonneau-Lassay, Louis (1991). *The Bestiary of Christ.* New York: Parabola Books.

Clark, Kenneth (1977). *Animals and Men.* London: Thames & Hudson.

Clark, Willene B. & Meradith T McMunn (1989). *Beasts and Birds of the Middle Ages: The Bestiary and Its Legacy.* Philadelphia: University of Pennsylvania Press.

Cobreros A. Jaime (1993). *El Románico en España.* Guías Periplo.

Collins, A. H. (1913). *Animal, Symbolism in English Church Architecture.* London: Mackbride, Nast & Co.

Curley, Michael J. (trans) (1979). *Physiologus.* Chicago: University of Chicago Press.

de Hamel, Christopher (ed) (2008). *Book of Beasts: A Facsimile of MS. Bodley 764.* Oxford: Bodleian Library.

Debidour, Vr Henri (1994). *Le bestiaire sculpté du moyen Age in France.* Paris: Arthaud.

Delort, Robert (1988). "Les Animaux ont une histoire." Homme, Paris.

Doroles Carmen Morales Munz (1996). "El Simbolismo animal en la cultura medieval." Biblioteca Gonzalo de Berco.

Druce, G. C. (1919). "The Medieval Bestiaries and their Influences on Medieval Art." British Archaeological Journal 1919-20.

Dupuis, Marie-France & Sylvain Louis (1988). *Le Bestiaire.* Paris: P. Lebaud.

Marcel Durliat, Marcel (1948-54). *La sculpture romane en Roussillon,* vol II, pag. 31-88, Tramontane Perpignan.

Evans, G. Rosemary (2000). *Bernard of Clairvaux.* New York: Oxford University Press.

Evans, J. P. (1896). *Animal Symbolism in Ecclesiastical Architecture.* London.

Flanders-Dunbar, H. (1929). *Symbolism in Medieval Thought.* New Haven: Yale University Press.

Flores, Nona (ed) (1996). *Animals in the Middle Ages: A Book of Essays.* New York: Garland Publishing.

Focillon, Henri (1931). *L'art des sculpteurs romans: recheches sur l'histoire des forms.* Paris: Ernest Leroux.

Fornas, F. P. (2005). *Le Bestiaire Roman et son Symbolisme.* La Taillanderie.

Forrest, S. G. (1979). "The Aberdeen Bestiary." MA Diss., Aberdeen University.

Friedmann, Herbert (1980). *A Bestiary for Saint Jerome: Animal Symbolism in European Religious Art.* Washington: Smithsonian Institution Press.

Gaillard, G. (1933). "Les chapiteaux du cloître de Sainte-Marie de l'Estan." Gazette des Beaux-Arts.

García Guinea, Miguel Ángel (1996). *Románico en Cantabria.* Ediciones de Librería Estvdio.

Guigon, Juliette (1963). "Le Bestiaire de la Sculpture Romane." Thesis, la Faculte de Medecine de Creteil.

Hassig, Debra (1995). *Medieval Bestiaries: Text, Image, Ideology.* Cambridge: New York: Cambridge University Press.

Hassig, Debra (ed) (1999). *The Mark of the Beast: the Medieval Bestiary in Art, Life, and Literature.* Garland Pub.

Hearn, M. F. (1981). *Romanesque Sculpture.* Oxford: Phaidon Press Limited.

Heath, Sidney (1909). *The Romance of Symbolism, and Its Relation to Church Ornament and Architecture.* London: Francis Griffiths.

James, M. R. (1928). *The Bestiary.*

Joan Sureda i Pons. *Catalunya Romanica (Enciclopèdia Catalana,* volumen XI El Bages).

Junyent, J. (1960). "El monestir i el claustre de Santa Maria de l'Estany." Ausa num. 34.

Kappler, Claude (1980). *Monstres, démons et merveilles à la fin du Moyen Age*. Paris.

Klingender, F. D. (1971). *Animals in Art and Thought to the End of the Middle Ages*. London.

Langloi, Ch-V (1927). *La Connaissance de la Nature en France au Moyen-Age*. Vol. III, p.L Vol. 1-43.

Laurence Harf-Lancner (ed) (1985). *Métamorphose et bestiaire fantastique au Moyen Age*. Paris: École normale supérieure de jeunes filles.

Lindsey, B. A. Elizabeth (1976). "Medieval French Bestiaries." Thesis. University of Hull.

Malaxecheverría, Ignacio (1986). *Bestiario medieval*. Madrid: Siruela.

Mariño Ferro, Xosé Ramón (1996). *El Simbolismo Anima*. Madrid.

Martel, Charles (1878). *The Principles of Form in Ornamental Art*. London: Windsor & Newton.

McCulloch, Florence (1962). *Medieval Latin and French Bestiaries*. University of North Carolina at Chapel Hill.

Miquel, Pierre Dom (1992). *Dictionnaire symbolique des animaux*. Paris: Le Leopard Dor.

Mons. Edouard Junyent (1980). *La España Románica, Cataluña Románica*. Ediciones Encuentro.

Mâle, Emile (1922). *L'art Religieux de XII siècle en France*. Paris: Libraire Armand Colin.

Ortiz de la Azuela, Julián (2001). *Monografía de la antigua Colegiata de Santillana del Mar.* Editorial Maxtor Libreria.

Parmelee, Alice (1959). *All the Birds of the Bible.* Butterworth.

Patton, P. A. (2004). *Pictorial Narrative in the Romanesque Cloister.* Peter Lang.

Pladevall, A. & J. Vigué (1978). *Monestir romànic de Santa Maria de l'Estany, en Artestudi,* n° 6, Barcelona.

Pluskowski, Aleks (2003). "Beasts in the Woods: Medieval Responses to the Threatening Wild." PhD Diss., Cambridge: University of Cambridge.

Porter, A. Kingsley (1923). *Romanesque Sculpture of the Pilgraimage Roads.* Boston: M. Joness.

Salisbury, Joyce E. (1994). *The Beast Within: Animals in the Middle Ages.* New York: Rutledge.

Shapiro, Meyer (2006). *Romanesque Architectural Sculpture.* The University of Chicago Press.

Sears, Elisabeth & Thelma K. Thomas (eds) (2002). *Reading Medieval Images: The Art Historian and the Object.* University of Michigan.

Stige, Morten (2016). "The lion in Romanesque art, meaning or decoration." Tahiti.

Tesnière, Marie-Hélène & Thierry Delcourt (2004). *Bestiaire du Moyen Âge, les animaux dans les manuscrits.* Paris: Somogy.

Voisenet, Jacques (1994). *Bestiaire chrétien: l'imagerie animale des auteurs du Haut Moyen Age, Ve-Xie.* Toulouse: Presses Universitaires du Mirail.

Webber, F. R. (1927). *Church Symbolism: an explanation of the more important symbols of the Old and New Testaments, the primitive, the Medieval and the modern Church.*

White, T. H. (1954). *The Book of Beasts*. New York: G. P. Putnams Sons.

Willene B. Clark & Meradith T. McMunn (ed) (1989). *Beasts and Birds of the Middle Ages: The Bestiary and its Legacy*. Philadelphia: University of Pennsylvania Press.

Williams. John (1977). *Early Spanish Manuscript Illumination*. New York: George Braziller.

Zarnecki, Goerge (1971). *Romanesque Art*. Universe Books.

The Bestiaire of Philippe de Thaon at the National Library of Denmark.

The Aberdeen Bestiary at the University of Aberdeen.

www.amigosdelromanico.org

Image Credit: Laurom(p18); Lohen II(p261 below); Emvallmitjana(p265 upper); Aler(p265 below); Josep Renalias (p268 upper/p272); bestiary.ca; claustro.com; monestirs.com;, several manuscripts sources; the author; wikimedia; etc.